Protection de l'environnement en période de conflit armé

Youssouf Sylla

Protection de l'environnement en période de conflit armé

Environnement et conflit armé

Presses Académiques Francophones

Impressum / Mentions légales
Bibliografische Information der Deutschen Nationalbibliothek: Die Deutsche Nationalbibliothek verzeichnet diese Publikation in der Deutschen Nationalbibliografie; detaillierte bibliografische Daten sind im Internet über http://dnb.d-nb.de abrufbar.

Information bibliographique publiée par la Deutsche Nationalbibliothek: La Deutsche Nationalbibliothek inscrit cette publication à la Deutsche Nationalbibliografie; des données bibliographiques détaillées sont disponibles sur internet à l'adresse http://dnb.d-nb.de.

Coverbild / Photo de couverture: www.ingimage.com

Verlag / Editeur:
Presses Académiques Francophones
ist ein Imprint der / est une marque déposée de
OmniScriptum GmbH & Co. KG
Heinrich-Böcking-Str. 6-8, 66121 Saarbrücken, Deutschland / Allemagne
Email: info@presses-academiques.com

Herstellung: siehe letzte Seite /
Impression: voir la dernière page
ISBN: 978-3-8381-4804-5

PROTECTION DE L'ENVIRONNEMENT EN PERIODE DE CONFLIT ARME

Sommaire

4

Abréviations

ADM (Armes de destruction massive)

AIEA (Agence internationale de l'énergie atomique)

ABM (Anti Balistic Missile)

AGNU (Assemblée Générale des Nations Unies)

CAC (Convention sur les armes chimiques)

CAB (Convention sur les armes biologiques)

CPJI (Cour permanente de Justice internationale)

CAB (Convention sur les armes biologiques)

CICR (Comité International de la Croix-Rouge)

CIA (Conseil international des archives)

CAC (Convention sur les armes chimiques)

CDI (Commission du droit international)

CPI (Cour pénale internationale)

CIJ (Cour internationale de justice)

DIH (droit international humanitaire)

ENMOD (Convention sur l'interdiction d'utiliser des techniques de modification de l'environnement à des fins militaires ou toutes autres fins hostiles)

USA (Etats Unis d'Amérique)

(GRIP) Groupe de recherche et d'information sur la paix et la sécurité

HAARP (High-frequency Active Aural Research Program)

ONU (Organisation des nations unies)

OMS (Organisation mondiale de la santé)

OIAC (Organisation pour l'interdiction des armes chimiques)

PNUD (Programme des nations unies pour le développement)

CICR (Revue internationale de la Croix-Rouge)
START (Strategic Arms Reduction Treaty)

SORT (Strategic offensive Reductions Treaty)

TICE (Traité d'interdiction complète des essais nucléaires)

TPIY (Tribunal pénal international pour l'ex-Yougoslavie)

TIMN (Tribunal international militaire de Nuremberg)

TNP (Traité sur la non-prolifération des armes nucléaires)

UNIDIR (Institut des Nations unies pour la recherche et le désarmement)

UNESCO (Organisation des Nations Unies pour l'éducation, la science et la culture)

Introduction générale

On peut dire que la guerre entretient avec l'environnement une relation à double sens.

D'une part un belligérant peut directement s'en prendre à l'environnement de son adversaire en considérant ce milieu comme une cible militaire légitime et attaquable. En quittant sous la pression d'une coalition militaire internationale dirigée par les Etats Unis d'Amérique en 199 le Koweït qu'elle avait annexée une année plus tôt, les troupes irakiennes n'ont pas hésité de mettre le feu aux 732 puits de pétrole de cette petite monarchie, provoquant ainsi une marée noire qui affectera la vie marine dans tout le golfe persique. Aussi le mollah Omar a chargé les talibans par un décret du 26 février 2001 de détruire en Afghanistan dans la vallée de Bamiyan, les plus grands bouddhas du monde qui représentaient le patrimoine préislamique du peuple Afghan. Ainsi les exemples d'attaques délibérées de ce genre, sans nécessité miliaire impérieuse peuvent être multipliés.

D'autre part, les belligérants peuvent également transformer en moyens de guerre les ressources mêmes de l'environnement. Cette manipulation intentionnelle de l'environnement dans un but militaire est rendue possible par le progrès de la science et de la technologie. En effet au cours de la guerre de Vietnam, les américains avaient provoqué dans ce pays des inondations par la prolongation de la saison des moussons à travers le Project POPEYE. Aussi, le projet HAARP (High-frequency Active Aural Research Program) aux USA et sa capacité de provoquer la sécheresse, les tremblements de terre et autres perturbations de l'équilibre écologique dans un pays ennemi ne manque pas de soulever par exemple de la part du parlement européen, de nombreuses inquiétudes.

Dès lors, il apparait que l'environnement qui est « *l'espace où vivent les êtres humains et dont dépendent la qualité de leur vie et leur santé, y compris pour les générations à venir (...)* »[1] est devenu au fil du temps un enjeu à part entière de la guerre et « *(...) L'affaiblissement des forces militaires de*

---

[1] Licéité de la menace ou de l'emploi d'armes nucléaires, avis consultatif, C.I.J. Recueil 1996, p. 241-242, par. 29

l'ennemi... »[2] comme le mentionne la Déclaration de Saint-Pétersbourg de 1868 n'est plus l'unique objectif de la guerre menée par les Etats. L'usage de certains moyens de guerre comme les armes bactériologiques, chimiques et nucléaires répond à des objectifs ou tout au moins produit sur le plan écologique des conséquences qui vont bien au delà de la neutralisation de l'ennemi. Les rapports produits par des organismes internationaux et nationaux spécialisés comme l'Organisation mondiale pour la santé (OMS) sur les effets de ces armes sur l'environnement et la santé humaine sont plus qu'alarmants : outre les perturbations systématiques et durables du climat et de l'écosystème terrestre et marin, ces rapports envisagent également une détérioration fondamentale et durable de la santé humaine et des autres espèces animales et végétales. Aussi l'usage de ces armes n'épargne personne, ni les attaquants ni les attaqués et ne distinguent point les objectifs civils des objectifs militaires. Enfin les pollutions induites par certains moyens et méthodes de guerre perturbent l'équilibre écologique des pays non impliqués dans un conflit armé.

Toutefois la prise de conscience par la communauté internationale des effets de la guerre sur l'environnement est récente parce qu'il est possible de la faire remonter aux années « 50 », date d'adoption de la Convention sur la protection des biens culturels en cas de conflit armé. Ensuite dans les années « 70 », cette prise de conscience s'est développée avec l'adoption en particulier de la Convention sur l'interdiction d'utiliser les techniques de modification de l'environnement à des fins militaires ou autres fins hostiles et de la Convention qui interdit l'emploi des armes biologiques ainsi que du Protocole additionnel I aux Conventions de Genève du 12 août 1949 qui interdit formellement en son article 35 le fait *« (...) d'utiliser des méthodes ou moyens de guerre qui sont conçus pour causer, ou dont on peut s'attendre qu'ils causeront, des dommages étendus, durables et graves à l'environnement naturel »*. Dans les années « 80 » et « 90 », cette prise de conscience sera accélérée par l'adoption de la Convention sur les armes classiques et ses différents protocoles, de la Convention qui prohibe l'usage des armes chimiques, de la convention d'Ottawa sur les mines antipersonnel et par la tenue en 1992 à Rio de Janeiro de la Conférence des Nations Unies

---

[2] *« Déclaration à l'effet d'interdire l'usage de certains projectiles en temps de guerre. Saint Petersbourg, 11 décembre 1868 »*, accessible à partir du lien suivant : https://www.icrc.org/dih/INTRO/130?OpenDocument

sur l'environnement et le développement qui a connu la participation de plus de 170 Etats. L'article 24 de la Déclaration de Rio indique que : *« La guerre exerce une action intrinsèquement destructrice sur le développement durable. Les Etats doivent donc respecter le droit international relatif à la protection de l'environnement en temps de conflit armé et participer à son développement »*. Aussi le paragraphe 39.6 du Programme Action 21 adopté dans le cadre de la conférence de Rio préconisait qu' *« Il faudrait envisager de prendre des mesures conformes au droit international visant à réduire la destruction massive, en temps de guerre, de l'environnement, qui ne peut se justifier au regard du droit international (…)»*. Enfin à partir des années « 2000 » la communauté internationale a adopté le 30 mai 2008 à Dublin la Convention sur les armes à sous munitions.

Alors que l'objectif principal des conventions internationales applicables en période de conflit armé est avant tout la protection des être humains des effets des hostilités, il convient de remarquer que la protection de l'environnement quant à elle s'est imposée graduellement dans ces conventions. Ainsi, si cette protection est abordée directement par certains textes comme le Protocole additionnel I aux quatre Conventions de Genève de 1949, il a fallut attendre l'avènement de la Convention qui interdit les techniques de modifications de l'environnement dans un but militaire pour voir un accord international relevant du droit international humanitaire se consacrer entièrement à la protection de l'environnement.

Même s'il existe un nombre important d'instruments de droit international de l'environnement qui organisent à l'échelle mondiale, régionale et bilatérale la protection de la diversité biologique, des sols, des forêts, de la mer, des cours d'eaux, du climat, des zones humides, etc. et qui restent en vigueur même en cas de conflit armé, force est de constater que ces accords internationaux comportent très peu de dispositions spécifiques en lien avec l'état de guerre. Ainsi, ce sont les conventions internationales spécialement conçues pour être applicables en période de conflit armé qui sont les mieux outillées pour aborder frontalement les problèmes résultant de la guerre, y compris ceux relatifs à la protection de l'environnement. C'est donc sur cet angle là que nous envisagerons dans le cadre de la présente étude la protection de l'environnement en période de conflit armé international ou non international.

A la différence des conventions du droit international de l'environnement, les traités du droit international humanitaire ni visent pas, par réalisme, tous les cas d'atteintes à l'environnement, sachant qu'il est utopique de croire que la guerre sera conduite sans impact sur l'environnement. Disons dans ce cas que les atteintes mineures semblent être tolérées. Les seules atteintes prohibées et susceptibles d'engager la responsabilité des parties en conflit sont celles qui affectent gravement, durablement et de manière étendue l'environnement.

En intégrant l'environnement dans la catégorie de biens à caractère civil qui sont des biens inattaquables parce que distincts des objectifs militaires légitimes, le droit international humanitaire protège alors l'environnement aussi longtemps qu'un belligérant s'interdira de le détourner de son caractère civil. Par ailleurs une partie en conflit qui utilise ce bien (une forêt, un lieu de culte, etc.) dans un but hostile, donne ainsi à son adversaire le droit de s'attaquer à ce bien qui serait entre temps devenu une cible militaire légitime. Encore que cette attaque doit répondre à une nécessité militaire impérieuse et être proportionnelle à l'objectif militaire recherché qui est la neutralisation de l'ennemi.

Pour mieux rendre compte de la problématique de la protection de l'environnement en temps de guerre, nous aborderons dans une première partie à travers les moyens et méthodes de guerre, la relation qui existe entre le droit international humanitaire et l'impératif de protection de l'environnement en temps de guerre. Et dans la seconde partie, nous évoquerons le régime international de sanctions (civile et pénale) applicables à l'Etat et aux individus lorsque de leurs actes et/ou omissions, résultent une atteinte grave à l'environnement dans un contexte de conflit armé.

PREMIERE PARTIE

LE DROIT INTERNATIONAL HUMANITAIRE ET LA PROTECTION DE l'ENVIRONNEMENT

Le droit international humanitaire (DIH) protège l'environnement par le biais deux techniques : la réglementation des moyens et la réglementation des méthodes de guerre.

Chapitre I : La règlementation des moyens de guerre

Les moyens de guerre qui affectent gravement et durablement l'environnement et la santé humaine font l'objet d'une règlementation internationale. Ainsi nous aborderons d'une part le cadre général de la règlementation des armes qui découle du Protocole additionnel I de 1977 aux conventions de Genève du 12 août 1949 et d'autre part, le cadre spécifique de cette règlementation qui résulte de nombreux autres traités internationaux applicables dans le cadre d'un conflit armé.

Section 1 : Le cadre général de la règlementation

Il repose essentiellement sur le Protocole additionnel I de 1977 aux conventions de Genève du 12 août 1949. Outre la limitation des moyens de guerre, l'article 35 dudit Protocole stipule qu' « *(…) Il est interdit d'employer des armes, des projectiles et des matières de nature à causer des maux superflus (…) »*[3]. Malgré l'absence d'une définition universellement admise de la notion de *« maux superflus »*, on peut néanmoins penser aux armes qui par leurs effets infligent des blessures qui affectent gravement la santé de leurs victimes bien après les hostilités ou alors, aux armes qui affectent durablement l'environnement.

L'article 36 du même Protocole exige à ce que les Etats parties procèdent à l'examen de licéité de toutes les *« armes nouvelles »* qu'ils mettent au point et ou qu'ils acquièrent. Cet examen permet à la partie contractante de déterminer si l'emploi de l'arme qu'elle souhaite détenir ne contrevient pas à ses obligations au titre du Protocole I. Toutefois ce Protocole ne prescrit pas

---

[3]Texte portant Protocole additionnel I disponible sur le site web du CICR à l'adresse suivante : https://www.icrc.org/applic/ihl/dih.nsf/Treaty.xsp?documentId=CBEC955A2CE7E0D4C125631400 43ACA5&action=openDocument

aux Etats parties de démarches particulières à suivre en ce sens. Il revient à chaque Etat de déterminer selon sa législation interne la manière dont il convient de répondre aux exigences de l'article 36. Mais on peut soutenir que parmi les éléments à prendre en compte lors de l'examen juridique de la licéité d'une nouvelle arme, figure l'effet desdites armes sur l'environnement naturel. Ainsi les Etats parties doivent s'abstenir de fabriquer ou d'acquérir des armes qui affectent gravement et durablement l'environnement ou qui utilisent les ressources de l'environnement (l'eau, le climat, etc.) comme des armes de guerre contre un autre Etat, sans pour autant que ces utilisations répondent à une nécessité militaire impérieuse. En effet, selon les Services consultatifs du CICR en droit international humanitaire « *Quelles que soient les modalités d'examen choisies, les Etats sont encouragés à adopter une approche multidisciplinaire qui tienne compte, le cas échéant, des avis formulés par les experts militaires, juridiques, médicaux et spécialistes de l'environnement [4]* ».

Section 2 : Le cadre spécifique de la règlementation

Il s'appui sur les conventions internationales qui réglementent l'emploi des armes de destruction massive (ADM) et des armes classiques.

A) Les armes de destruction massive

Les armes choisies et étudiées dans cette section sont celles qui ont un impact significatif sur l'environnement et la santé humaine, à raison notamment de leur potentiel destructif. Les pollutions induites par ces types d'armes persistent bien longtemps après la cessation des hostilités actives et sont par nature potentiellement extensibles sur des Etats non parties à un conflit armé. Il s'agit des armes chimiques, biologiques et nucléaires. Si les deux premières armes font l'objet d'une stricte interdiction, telle n'est pas le cas encore de l'arme nucléaire, qui pourtant figure parmi les armes les plus redoutables inventées par l'homme.

Avant d'analyser la structure générale des conventions internationales qui régissent ces armes, il convient de décrire les pollutions qu'elles provoquent et de rappeler le contexte historique qui a favorisé leur avènement. A ce titre, alors que les armes nucléaires feront l'objet d'un examen à part eu égard à

---

[4] Fiche technique du CICR consacrée aux « *Armes nouvelles* », accessible à l'adresse suivante : http///www.cicr.org/fre/services_consultatifs_dih

leurs caractéristiques uniques, les armes biologiques et chimiques quant à elles seront examinées ensemble en tenant compte du lien qui les unit.

1) Les armes chimiques et biologiques

Des organisations internationales comme l'Organisation Mondiale de la Santé (OMS) et d'autres institutions internationales et nationales spécialisées ont produit d'importantes études relatives aux effets des armes chimiques et biologiques sur la santé humaine et l'environnement. De ces expertises, il ressort que ces armes, outre leurs effets directs, sont à l'origine d'autres effets qui se révéleront après plusieurs mois, voire plusieurs années. Une fois utilisées, les ADM distinguent très mal les objectifs militaires des objectifs civils, qui sont entre autres constitués de forêts, des objets culturels ou encore des populations qui ne participent pas au conflit.

a) Effets des armes biologiques et chimiques sur la santé

Selon un article publié en janvier 2001 dans le Bulletin d'information toxicologique de l'Institut national de santé publique du Québec, les agents biologiques et chimiques sont connus pour leur nocivité. Ils peuvent être disséminés de manière différente[5] : par voie aérogène, par voie orale, par contact dermique ou par injection. Les agents utilisés sont en premier lieu les agents bactériens. Il s'agit de micro-organismes capables de se reproduire, de survivre dans l'environnement (eau, air, sol) et de coloniser les êtres vivants. Certains micro-organismes ont la capacité de se transformer et de survivre pendant de longues périodes, comme l'anthrax. En second lieu, il s'agit d'agents viraux. Etant donné que les virus se reproduisent à l'intérieur de cellules qu'ils affectent, l'infection virale produit alors une destruction des cellules hôtes parasitées. En troisième lieu, il s'agit de toxines biologiques qui constituent des substances toxiques provenant d'animaux, de plantes ou de bactéries et sont plus toxiques que la plupart des produits chimiques provenant de l'industrie. Les toxines biologiques servent à contaminer les produits alimentaires, des sources d'approvisionnement en eau et des personnes ciblées.

---

[5] *« Toxicologie clinique, agents chimiques et biologiques »*, janvier 2001, Volume 17, numéro 1 disponible à l'adresse ci-après :http://www.inspq.qc.ca/ctq/bulletin/articles/Vol17No1-ToxicologieClinique.asp?E=p

Par ailleurs une étude de l'Institut des Nations Unies pour la Recherche et le Désarmement (UNIDIR) consacrée entre autres aux aspects sanitaires de l'arme chimique, démontre que : « *Les produits chimiques toxiques utilisés dans la fabrication d'armes chimiques peuvent être classés selon plusieurs critères, comme leur volatilité ou leur utilisation militaire. Ils sont néanmoins le plus souvent classés selon leurs effets : les agents hémotoxiques, les agents vésicants, les suffocants, les agents neurotoxiques, les agents incapacitants, les agents neutralisants et les toxines. Les agents hémotoxiques bloquent l'échange d'oxygène entre les globules rouges et le tissu cellulaire. Ils agissent très rapidement et sont généralement fatals. Les agents vésicants provoquent, eux, de graves brûlures et vésicules sur la peau, sur les yeux et sur les poumons. L'exposition aux agents vésicants déclenche des douleurs et des lésions immédiates, et peut entraîner la mort par asphyxie. Les suffocants attaquent, pour leur part, les yeux et les voies respiratoires. Ils sont particulièrement nocifs pour les poumons. Ces derniers se remplissent progressivement de liquide et gonflent tellement que le sang ne peut plus être alimenté en oxygène, provoquant une asphyxie progressive puis la mort. Quant aux agents neurotoxiques, ils sont les produits chimiques toxiques les plus puissants. Ils sont généralement incolores, inodores et insipides, et peuvent être facilement absorbés par le système respiratoire, les yeux, la peau et le tube digestif sans causer la moindre irritation susceptible de signaler leur présence. Ils sont extrêmement toxiques et sont généralement fatals même si l'exposition n'a été que très brève. Ils agissent sur la transmission des impulsions nerveuses dans le système nerveux. Les agents incapacitants n'entraînent, eux, pas de lésions ni la mort, mais les personnes visées sont incapables de conduire leurs activités habituelles. Ils n'ont que des effets physiques ou physiologiques temporaires qui disparaissent généralement assez rapidement. Quant aux agents neutralisants, à l'instar des agents incapacitants, ils n'entraînent que des effets physiologiques temporaires comme des troubles de la vue ou de la respiration, qui ne provoquent généralement pas de lésions graves. Les agents neutralisants agissent plus rapidement que les agents incapacitants, mais leurs effets durent moins longtemps. Les toxines, enfin, sont des poisons produits par des organismes vivants ou leurs équivalents de synthèse. Elles sont extrêmement toxiques et peuvent être fatales[6]* ».

---

[6] « *Les armes chimiques* », disponible sur le lien suivant : http://www.unidir.org/pdf/articles/pdf-art2617.pdf

b) Effets des armes biologiques et chimiques sur l'environnement

Pour ce qui est des atteintes à l'environnement, les armes chimiques même lorsqu'elles ne sont pas utilisées constituent de sérieuses menaces pour l'environnement en général. A ce titre on peut rappeler qu'au cours de la deuxième guerre mondiale, les puissances alliées (les USA, la France, le Royaume Uni et l'URSS) ont hérité de l'armée Allemande, des munitions chimiques estimées environ à 300.000 tonnes. Alors qu'il a été décidé par les forces alliées après la conférence de Potsdam de déverser ces munitions dans l'Atlantique, c'est curieusement dans la mer Baltique et dans la mer du Nord que furent ensevelies ces munitions toxiques. On estime que 39% de la quantité déversée est composée d'ypérite (gaz moutarde), 18% de tabun (un agent s'attaquant au système nerveux), 11% de gaz lacrymogène et 9% de phosgène (un suffocant).

L'impact de ces munitions sur la faune et la flore des mers concernées ne fait l'objet d'aucune objection. Et plus grave, les alliés ont décidé qu'aucune information sur l'emplacement exact des sites de déversement et les caractéristiques des munitions déversées ne seront rendues publiques avant cinquante ans. Encore en 1997, les USA et le Royaume Uni ont déclaré que la levée de ce secret est prorogée de vingt autres années. Ce manque d'informations pertinentes était à la base de la vive contestation par les pays riverains de la mer Baltique, du projet de construction du gazoduc « Nord Stream » qui depuis novembre 2011 relie la Russie à l'Allemagne via la mer Baltique[7]. La réalisation de ce gigantesque projet avait provoqué l'ire des Etats riverains et de nombreuses organisations de protection de l'environnement qui ont exigé, en vertu de la Convention d'Espoo sur l'évaluation de l'impact sur l'environnement dans un contexte transfrontalier, d'amples informations sur les incidences du projet sur leur environnement marin.

Par ailleurs, les conséquences des armes chimiques et biologiques ont été systématisées depuis la fin des années « 60 ». Le Secrétaire Général de l'Organisation des Nations Unies (ONU) a en effet demandé en janvier 1969 au Directeur Général de l'Organisation Mondiale de la Santé (OMS) de lui préparer un rapport sur les armes chimiques et bactériologiques

---

[7] *« Le Gazoduc Nord Stream ouvre ses vannes à l'Europe »*, Radio France Internationale (RFI) dans sa version sur le web. http://www.rfi.fr/europe/20111108-inauguration-gazoduc-nord-stream/

(biologiques). Les principales conclusions dégagées en 1970 par ledit rapport indiquent que :

« 1. *Les armes chimiques et biologiques sont une menace réelle pour les populations civiles. En effet, elles ne se prêtent généralement pas à un emploi sélectif. En outre aux concentrations très élevées auxquelles elles seront probablement utilisées dans les opérations militaires, elles pourraient causer indirectement des ravages étendus parmi la population civile, non seulement dans la zone visée, mais aussi jusqu'à des distances considérables dans les secteurs sous le vent.*

2. L'emploi massif - et, même dans le cas de certains agents, l'emploi restreint - d'armes chimiques et biologiques pourrait provoquer une morbidité capable de déborder les services de santé existants.

3. L'emploi massif d'armes chimiques et biologiques pourrait également causer dans le milieu naturel de l'homme des altérations durables, tout à fait imprévisibles.

4. Il est extrêmement difficile de déterminer et de prévoir à l'avance les effets possibles des armes chimiques et biologiques, car ils dépendent de l'interaction de facteurs complexes et extrêmement variables, d'ordre météorologique, physiologique, épidémiologique, écologique, etc.

5. Des systèmes d'armes très perfectionnés seraient nécessaires pour que l'emploi d'agents chimiques et biologiques contre de grands objectifs civils présentent un réel intérêt militaire, mais dans certaines circonstances et avec certains agents, des opérations isolées ou de sabotage menées avec des moyens plus simples pourraient être efficaces contre de tels objectifs[8] ».

c) Contexte historique d'élaboration des conventions relatives aux armes biologiques et chimiques

Dans un passé lointain, les belligérants ont utilisé les substances chimiques et biologiques comme moyens de guerre. Les poisons, les venins ont par exemple été utilisés contre les ennemis, sans oublier les cadavres d'animaux pour contaminer leurs sources d'eau. Mais dans les guerres modernes, l'utilisation des armes chimiques remonte à la première guerre mondiale, lorsqu'en 1915, les Allemands utilisèrent le chlore contre les troupes françaises dans la ville belge d'Ypres. Par la suite, ces armes furent

---

[8] *« Santé publiques et armes chimiques et biologiques »,* 1970, Genève. Rapport du groupe de Consultants de l'Organisation Mondiale de la Santé, disponible à l'adresse suivante : whqlibdoc.who.int/others/24209_MATIERES.pdf

notamment utilisées par l'armée italienne contre les éthiopiens, par l'armée japonaise contre les chinois au cours de la deuxième guerre mondiale. Aussi en 1943, les japonais utilisèrent contre les chinois des armes biologiques lors de la bataille de Changde en leur larguant des puces contaminées par la peste[9]. Au milieu des années « 60 », l'armée américaine fera usage des défoliants contre les vietnamiens et dans les années « 80 », l'armée irakienne n'hésitera pas à son tour d'employer l'arme chimique contre les iraniens.

Le caractère extrêmement dangereux de ces deux armes a conduit la plupart des Etats au lendemain de la seconde guerre mondiale à souhaiter leur interdiction commune. Mais au cours des débats qui ont eu lieu sur la question au sein du Comité des dix-huit puissances sur le désarmement, les Etats occidentaux, le Royaume Uni en tête, ont marqué leur préférence pour l'interdiction en tout premier lieu des armes biologiques. C'est finalement cette position qui triomphera, renforcée par la décision du gouvernement américain de se concentrer sur les seuls programmes militaires de recherche sur les agents biologiques et les toxines ayant un caractère défensif. Les négociations menées dans le cadre de la conférence du désarmement devaient ainsi aboutir le 10 avril 1972 à la signature de la Convention sur l'interdiction de la mise au point, de la fabrication et du stockage des armes bactériologiques (biologiques) ou à toxines et sur leur destruction[10].

Tout comme les armes biologiques, les négociations qui ont conduit à l'élaboration et à la signature le 13 janvier 1993 à Paris de la Convention sur les armes chimiques eurent lieu au sein de la conférence du désarmement[11].

Ces deux conventions, qu'on pourrait qualifier de conventions sœurs constituent un approfondissement du Protocole de Genève de 1925 concernant la prohibition d'emploi à la guerre de gaz asphyxiants, toxiques ou similaires et de moyens bactériologiques. Ce Protocole constitue la première réaction d'envergue internationale contre l'usage des armes chimiques et biologiques au cours des deux guerres mondiales. Rédigé lors

---

[9] « Historique des armes chimiques », Bureau des affaires du désarmement des Nations Unies, http://www.un.org/fr/disarmament/wmd/chemical/background.shtml

[10] « La Convention sur les armes biologiques - Vue générale », article de Jozef Goldblat, publié le 30.06.1997 dans la Revue internationale de la Croix-Rouge, n° 825, p.269-286.

[11] Le texte de la convention disponible sur le site web du CICR à l'adresse ci-après : http://www.un.org/fr/disarmament/instruments/cwc.shtml

de la conférence sur le contrôle du commerce international des armes et des munitions qui s'est tenu à Genève du 4 mai au 17 juin 1925 sous les auspices de la Société des Nations, ce Protocole fut signé le 17 juin 1925 avant d'entrer en vigueur le 8 février 1928.

Sa portée est cependant limitée, car s'il interdit l'usage des armes chimiques, il est muet sur de nombreux autres aspects fondamentaux. Il s'agit notamment de la production, du développement et des conditions de stockage de ces armes. Il n'établit pas non plus un régime de vérification des engagements des Etats parties. Ces insuffisances l'ont affaibli, sans oublier que lors de sa signature, de nombreux Etats ont formellement exprimé qu'ils se réservent le droit d'utiliser l'arme chimique s'ils sont agressés par la même arme par un autre Etat.

d) Structure des conventions relatives aux armes biologiques et chimiques

Si la Convention sur les armes biologiques (CAB) est la première à voir le jour et à affirmer en son article 9 l'engagement des Etats parties à réaliser rapidement un accord relatif à la destruction et à l'interdiction de fabrication de ces armes, c'est bien la Convention sur les armes chimiques (CAC), à travers ses différentes dispositions, qui se montrera beaucoup plus offensive sur l'interdiction de son usage et sur la vérification des obligations conventionnelles des Etats parties par l'institution à cet effet d'un système permanent et efficace de surveillance incarné par l'Organisation pour l'Interdiction des Armes Chimiques (OIAC) dont le siège se trouve à la Haye, en Hollande. Beaucoup plus étoffée, la CAC renvoi en outre à trois annexes complètement intégrées à la Convention. Il s'agit de l'annexe relative à la vérification qui fixe les procédures à suivre lors de l'inspection des installations chimiques situées dans les Etats parties ; de l'annexe relative aux produits chimiques, qui procède à la présentation des tableaux, au nombre de trois ; et de l'annexe relative à la confidentialité qui s'attache enfin à veiller à la non divulgation des renseignements obtenus au cours des missions d'inspection et concernant par exemple la sécurité nationale des Etats parties inspectés.

d-1) Définition et prohibition des armes chimiques et biologiques

Entrée en vigueur le 29 Avril 1997, la Convention sur l'interdiction de la mise au point, de la fabrication, du stockage et de l'emploi des armes chimiques et

20

sur leur destruction (CAC) définit les armes chimiques comme étant les produits chimiques toxiques et leurs précurseurs ainsi que les munitions et dispositifs conçus pour provoquer la mort ou d'autres dommages par l'action toxique des produits chimiques qui seraient libérés du fait de leur emploi, ou encore tout matériel spécifiquement conçu pour être utilisé en liaison directe avec l'emploi de ces munitions et dispositifs. La qualification d'armes chimiques est acquise dès que les éléments précités entrent en jeu collectivement ou séparément dans le cadre d'un conflit armé (article2). Cependant lorsque ces éléments sont utilisés dans un but autre que la guerre (fins industrielles, agricoles, de recherche, médicales, pharmaceutiques ou d'autres fins pacifiques), ils ne sauraient être qualifiés d'armes chimiques.

La Convention sur l'interdiction de la mise au point, de la fabrication et du stockage des armes bactériologiques (biologiques) ou à toxines et sur leur destruction (CAB) est quant à elle entrée en vigueur le 26 mars 1975. Contrairement à la CAC, la CAB ne contient pas de définition des armes biologiques. Cependant, on peut se référer au Rapport de l'OMS de 1970 sur les armes chimiques et biologiques pour définir ces armes. Selon ledit Rapport l'arme biologique est défini comme *« Ceux dont les effets sont fonction de leur aptitude à se multiplier dans l'organisme attaqué et, qui sont destinés à être utilisés en cas de guerre pour provoquer la mort ou la maladie chez l'homme, les animaux ou les plantes »*. Si cette Convention interdit en toutes circonstances la mise au point, la fabrication, le stockage et l'acquisition de ces armes, elle ne prohibe pas explicitement pour autant son utilisation. En effet, c'est de manière indirecte que leur utilisation est interdite par la CAB, qui pour atteindre cet objectif, se réfère au Protocole de Genève de 1925[12]. Ce Protocole déclare : *« Que les Hautes Parties contractantes, en tant qu'elles ne sont pas déjà Parties à des traités prohibant cet emploi, reconnaissent cette interdiction, acceptent d'étendre cette interdiction d'emploi aux moyens de guerre bactériologiques et conviennent de se considérer comme liées entre elles aux termes de cette déclaration »*

Il ressort de cette déclaration que le Protocole interdit l'emploi d'armes chimiques dans la guerre et étend effectivement cette interdiction aux armes bactériologiques. Cependant certains Etats comme la France, l'Irak, l'ex. URSS et le Royaume Uni, lors de leur adhésion à ce Protocole, ont émis des

---

[12]*Protocole concernant la prohibition d'emploi à la guerre de gaz asphyxiants, toxiques ou similaires et de moyens bactériologiques,* accessible sur le site web du CICR. https://www.icrc.org/dih/INTRO/280?OpenDocument

réserves aux termes desquelles ils affirment qu'ils seront déliés de leurs obligations de respecter les dispositions du Protocole si un Etat avec lequel ils sont en conflit fait usage des armes chimiques et biologiques. Toutefois, ces mesures de représailles ayant pour objet de faire cesser une violation, doivent, pour être licites, répondre à certaines conditions : la subsidiarité, la proportionnalité et l'humanité.

En définitive, contrairement à la CAC qui ne laisse souffrir la prohibition d'emploi des armes chimiques en temps de conflits armés d'aucune exception, la CAB quant à elle, n'offre pas, du moins pour l'instant, un tel régime en ce qui concerne l'usage des armes biologiques. Or les dangers inhérents à l'utilisation d'agents biologiques à des fins hostiles sont bien réels de nos jours. Les progrès de la biotechnologie donnent aux Hommes des capacités extraordinaires de destruction de l'environnement naturel et de modification irréversible des caractères génétiques de l'espèce humaine. Ces armes mettent en jeu la survie même de l'humanité. C'est pour cette raison que dans son appel à la communauté internationale le 25 septembre 2002, le Comité international de la Croix-Rouge (CICR) constatera que des *« signes profondément inquiétants »* doivent mettre en garde[13]. Il s'agit entre autres du *« recours à des nouvelles méthodes permettant de répandre en secret, parfois sur une période de plusieurs années, des agents biologiques présents dans le milieu naturel, afin de modifier des processus physiologiques ou psychologiques-conscience, comportement ou fertilité par exemples-de la population cible »* et de la création d'agents biologiques capables de modifier les gènes humains, mettant ainsi en danger la survie de l'espèce humaine.

Le CICR regrette en outre l'absence d'un régime de surveillance de la CAB et encourage d'une part les Etats à contrôler efficacement *« les agents biologiques présentant un risque d'utilisation abusive »* ; et d'autre part à assumer leurs obligations internationales au titre du Protocole de Genève de 1925.

d-2) Les obligations des Etats parties

Aux termes de l'article 2 de CAB, les Etats parties s'engagent à détruire ou à convertir à des fins pacifiques, au plus tard neuf mois après l'entrée en vigueur de la Convention, les agents toxines, armes, équipements et vecteurs dont ils disposent. Ces opérations doivent être menées avec toutes les

---

[13] *« CICR, Biotechnologie, Armes, Humanité »:* Appel du CICR, le 25 septembre 2002 in *« Un droit dans la guerre ? »*, Marco SASSOLI et Antoine A. BOUVIER, Volume II, doc n° 35, Page 650.

mesures de précaution nécessaires pour protéger les populations et l'environnement. Les mêmes exigences de destruction dans des conditions élevées de sécurité environnementale et humaine sont également prévues par la CAC (article 4.10).

Les Etats s'engagent également d'une part à prendre sur le plan interne, des mesures en vue d'éradiquer la fabrication des armes prohibées notamment par la mise en place d'un régime répressif à l'encontre de ceux qui se livrent aux activités interdites (article 4 de la CAB) ; d'autre part, ils s'engagent à collaborer ensemble pour atteindre les objectifs fixés par la Convention. Cette coopération peut être réalisée dans le cadre de l'Organisation des Nations Unies qui à travers le Conseil de Sécurité peut ordonner, le cas échéant, une enquête sur plainte d'un autre Etat partie pour savoir si l'Etat mis en cause a effectivement violé ses obligations conventionnelles. Les résultats de cette enquête sont portés à la connaissance des autres Etats parties.

 Au titre de l'article 7 de la CAC, les Etats sont tenus d'adopter au plan national, une législation pénale ayant pour but de sanctionner les personnes physiques et morales qui se livrent aux activités interdites par la Convention. La législation instaurée doit également permettre à un Etat partie de poursuivre en territoire étranger ses ressortissants, auteurs d'activités interdites par le biais de la coopération judiciaire. Les Etats sont ensuite tenus de mettre en place au plan interne une Autorité Nationale, assurant la fonction d'organe de liaison entre l'Etat et l'Organisation pour l'Interdiction des Armes Chimiques (OIAC) d'une part, et les autres Etats, d'autre part.

Chaque Etat partie, dans un cadre bilatéral ou à travers le Secrétariat technique s'engage à fournir aux autres Etats parties qui en font la demande, une assistance concernant les techniques de destruction sûres et efficaces des armes chimiques (article 4.12 de la CAC). Pour atteindre ses objectifs, la Convention prévoit la mise en place d'une Organisation (article 8 de la CAC) chargée de veiller à l'application de ses dispositions, y compris celles qui ont trait à la vérification internationale des engagements des Etats parties et d'assurer le bon fonctionnement d'un cadre dans lequel les Etats se consultent et coopèrent entre eux. Le siège de cette entité instituée à titre permanent, l'OIAC est fixé à La Haye, Royaume des Pays-Bas.

Pour lui permettre d'assumer ses responsabilités en matière de vérification, tout Etat, trente jours au plus tard, après l'entrée en vigueur de la Convention à son égard est tenu de faire à l'OIAC une déclaration dans laquelle il indique entre autres s'il dispose d'armes chimiques, l'emplacement exact de ces armes, le plan de destruction de ces armes ou s'il a abandonné des armes chimiques sur le territoire d'autres Etats, de fournir les renseignements dont il dispose à cet effet. Il convient enfin de noter que cette organisation de surveillance n'a pas son équivalent dans le cadre de la CAB. De surcroit, la mise en œuvre de la CAC apparait comme un succès non seulement du point de vue de son universalité, mais aussi du point de vue de son objectif, car la destruction des armes chimiques dans le monde est une réalité qui avance à pas de géant[14].

d-3) Les organes conventionnels

Ces organes sont institués pour faciliter la mise en œuvre des obligations conventionnelles par les Etats parties. A ce titre, la CAB (article 12) ne prévoit qu'un seul organe, la Conférence des parties chargée notamment d'examiner le fonctionnement de la Convention en vue de s'assurer que les objectifs énoncés dans le préambule et les dispositions de la Convention sont en voie de réalisation.

C'est plutôt la CAC qui prévoit la mise en place d'un ensemble plus complet d'organes rattachés à l'OIAC (article 8). Il s'agit de la Conférence des Etats parties, du Conseil exécutif et du Secrétariat technique. La Conférence des Etats parties se compose de tous les membres de l'OIAC et tient une session ordinaire par an et des sessions extraordinaires sur convocation de la Conférence, du Conseil exécutif ou à la demande de tout membre appuyée par un tiers des membres. Etant l'organe principal de l'OIAC, la Conférence supervise entre autres l'application de la CAC et les activités du Conseil exécutif et du Secrétariat technique et peut adresser des directives à ces organes. Elle favorise la coopération internationale à des fins pacifiques dans le domaine des activités chimiques et peut également créer les organes subsidiaires qu'elle estime nécessaires pour atteindre ses objectifs. Relevant de la Conférence des parties, le Conseil exécutif est, comme son nom l'indique l'organe exécutif de l'OIAC. A ce titre, il œuvre à l'application effective de la CAC et supervise les activités du Secrétariat technique. Il coopère également avec l'autorité nationale de chaque Etat partie. Il a le pouvoir après autorisation de la Conférence des parties de conclure des accords avec les Etats et autres organisations internationales. Enfin, le

---

[14] « *1997-2007 : La Convention d'interdiction des armes chimiques a 10 ans* », article de Cédric Poitevin, publié le 11.06.2007 par le Groupe de recherche et d'information sur la paix et la sécurité à l'adresse suivante : http://www.grip.org/fr/siteweb/images/NOTES_ANALYSE/2007/NA_2007-06-11_FR_C-POITEVIN.pdf

Secrétariat technique apporte un appui administratif et technique à la Conférence des parties et au Conseil exécutif dans l'accomplissement de leurs missions respectives, notamment dans le domaine de la vérification des obligations des Etats parties relatives à la destruction des armes chimiques.

2- Les armes nucléaires

La dangerosité de ces armes sur la santé humaine et sur l'environnement n'est plus à démontrer. Pourtant, il n'est pas exclu qu'elles soient utilisées au cours d'un conflit armé dès lors que le droit international et les doctrines sécuritaires des Etats qui en sont dotés n'écartent pas une telle hypothèse. Face à ces risques, il existe un véritable effort mondial, régional et bilatéral de lutte contre ces armes.

a) Impact des armes nucléaires sur l'environnement

Un Rapport fort étayé de l'OMS présente un tableau apocalyptique de ce qui pourrait être les conséquences d'une guerre nucléaire sur la santé des êtres vivants et sur l'environnement[15]. Concernant l'environnement, le Rapport indique dans son point 16 qu'un conflit nucléaire peut avoir des effets désastreux sur le climat. Il conclut à cet égard que « *des millions de tonnes de particules provenant des cratères creusés par les explosions au sol et des incendies qui éclatent dans les villes, les forêts et les entrepôts de combustibles se trouveraient lancées dans l'atmosphère. Une fraction appréciable de la lumière solaire ne pourrait plus atteindre la surface de la terre et se perdrait dans l'atmosphère, tandis que la densité de la couche nuageuse qui se formerait provoquerait une chute de température et réduirait la photosynthèse. L'ampleur de ce refroidissement est encore fort controversée, mais une chute de quelques degrés seulement pourrait être dommageable pour les récoltes futures et causer diverses perturbations de l'environnement (...) ces perturbations seraient beaucoup plus graves encore qu'on ne le pensait encore il y a quelques années et se traduiraient par une réduction de la photosynthèse et de la pluviométrie à l'intérieur des continents (...). Selon les estimations actuelles la fumée importée vers les couches élevées de l'atmosphère pourraient y persister pendant un an ou davantage et provoquer un refroidissement de longue durée dans le monde entier; elle ferait baisser la température des océans et aurait des effets*

---

[15] « *Effets de la guerre nucléaire sur la santé et les services de santé* », deuxième édition du Rapport de l'OMS produit en 1987, accessible à l'adresse suivante : http://whqlibdoc.who.int/hq/1987/9242561096_(p1-p86).pdf.

écologiques qui prolongeraient et aggraveraient ceux des perturbations atmosphériques (...) »

Dans son point 17, le Rapport estime que *« la libération dans l'atmosphère des substances chimiques provenant des explosions pourrait également avoir des effets climatiques. L'introduction d'oxydes d'azote dans la troposphère aurait pour effet d'y augmenter la production photochimique des radicaux libres et d'azone. Si ces oxydes pénétraient dans la stratosphère à la suite de l'explosion de grosses bombes thermonucléaires, la couche d'ozone s'en trouverait amoindrie (...) la diminution de la couche d'ozone permettrait aux rayons ultra-violets nocifs d'atteindre la surface de la terre. L'injection d'autres substances chimiques toxiques (...) dans l'atmosphère pourrait causer de grands dommages à l'homme et à de nombreux autres êtres vivants ».*

b) Impact des armes nucléaires sur la santé humaine

L'explosion d'une bombe atomique peut provoquer certains phénomènes comme le rayonnement ou la diffusion de poussières radioactives qui provoquent de graves disfonctionnements chez les victimes avant de les tuer. En effet, les poussières radioactives résultant de l'explosion d'une bombe atomique peuvent provoquer selon le Rapport de l'OMS *« une contamination interne des poumons. Une dose suffisamment élevée peut aussi avoir des effets locaux aigus éventuellement mortels, en plus des effets à long terme – fibrose ou cancer par exemple – que peut produire l'exposition à des doses bien plus faibles ».*

A noter également que d'autres particules plus fines des produits radioactifs s'élèveront dans l'atmosphère avec le champignon. Ainsi les personnes situées dans un périmètre de près de 2000 km2 pourraient être soumises à des doses d'irradiation mortelles et celles qui sont situées dans un périmètre d'environ 10 000 km2 recevront des doses dangereuses.

En ce qui concerne les effets du rayonnement provoqué par l'explosion de la bombe atomique sur le corps humain, le Rapport en son point 35 indique que : *« dans un laps de temps compris entre quelques minutes et plusieurs heures après son explosion, la victime peut commencer à présenter des symptômes aigus qui sont les signes avant coureurs du mal des rayons. Il existe trois syndromes cliniques de la toxicité du rayonnement : a) Un syndrome qui concerne le système nerveux central en cas d'irradiation aigue à une dose supérieure à 20 Gy. Dans un laps de temps allant de quelques minutes à une heure, le sujet est pris de maux de tête, auxquels succèdent très rapidement un état de somnolence (...) et la perte de coordination musculaire (…). Il n'existe aucun traitement et la mort est inévitable, b) Un syndrome gastro-intestinal en cas d'exposition aigue à des doses de l'ordre de 5 à 20 Gy. Le tableau clinique est dominé par des nausées, vomissements et des diarrhées hémorragiques (…). En l'espace d'une semaine ou deux, le sujet décède d'entérite (…) ou de déséquilibre des liquides organiques, c) Un syndrome hématopoïétique (…). Selon la dose reçue et le degré d'atteinte de la moelle osseuse, le sujet peut recouvrer sa santé en l'espace de quelques semaines à plusieurs mois ou au contraire mourir d'hémorragie ou de septicémie par suppression de défenses immunitaires* ».

Compte tenu de la gravité de ses effets, l'arme atomique est plutôt une arme de dissuasion qui ne peut être utilisée en général que dans les circonstances les plus exceptionnelles. C'est pour cette raison que les Etats qui en sont dotés soumettent son usage à une doctrine.

c) Les doctrines nucléaires

Considérée comme une arme stratégique et de dissuasion par excellence en raison de son pouvoir égalisateur, l'arme nucléaire tend à faire respecter son détenteur et à empêcher son agression par un adversaire, même puissant. Car rien ne pouvant protéger efficacement cet adversaire contre une riposte militaire nucléaire, celui-ci aura raisonnablement tendance à éviter d'être le premier à attaquer un Etat doté d'armes nucléaires. Dans ces conditions une des caractéristiques principales de l'arme nucléaire est la prévention de la guerre.

Au-delà de son caractère dissuasif, certains Etats envisagent de l'utiliser lorsque certaines menaces graves affectant leur indépendance ou leur survie justifient une telle démarche. Ainsi l'utilisation de ces armes par un belligérant qui le détient est une hypothèse bien réalisable comme l'illustre l'attaque nucléaire infligée au cours de la deuxième guerre mondiale aux villes japonaises d'Hiroshima le 6 août 1946 et de Nagasaki le 9 août de la même année par l'armée américaine.

En effet, la doctrine nucléaire des Etats dotés d'armes nucléaires s'est forgée à partir du dosage qu'ils opèrent entre la dissuasion et la possibilité d'utiliser effectivement ces armes au cours d'un conflit armé[16].

A ce titre, les USA sous l'ère du Président Bush se réservaient selon le *National Strategy to Combat Weapons of Mass Destruction* publié en

---

[16]*« Armement et désarmement nucléaires»*, sur les doctrines des pays dotés de l'arme nucléaire sur le site web de la Documentation Française, accessible à partir du lien suivant : http://www.ladocumentationfrancaise.fr/dossiers/nucleaire/index.shtml

décembre 2002, le droit de riposter par tous les moyens appropriés, y compris par armes nucléaires contre un adversaire qui utiliserait les armes chimiques et biologiques contre leurs intérêts ou un de leurs alliés. Toutefois dans leur stratégie, les Etats Unis ne se rangent pas dans la catégorie d'Etats qui entendent utiliser cette arme en dernier lieu. Ils s'octroient potentiellement le droit de l'utiliser en premier contre certains de leurs ennemis comme l'Iran et la Corée du nord qui veulent acquérir les armes de destruction massive ou les utiliser.

Avec l'arrivée de Barack Obama, la nouvelle doctrine nucléaire rendue publique le 6 avril 2010 dans la *Nuclear Posture review* introduit quelques innovations qui consistent principalement à réduire *«substantiellement les circonstances dans lesquelles l'arme atomique peut être utilisée[17]»*. On peut considérer que cette doctrine est en lien avec le contenu du discours prononcé par le Président Obama à Prague en 2009 pour l'avènement d'un monde débarrassé de l'arme nucléaire. En vertu de cette nouvelle doctrine, les USA, malgré une vive critique des opposants au Président Obama, s'interdisent l'usage de l'arme nucléaire contre un pays qui en est dépourvu et qui ne viole pas le Traité sur la non prolifération nucléaire[18]. Cependant en cas d'attaque bactériologique dévastatrice, les USA se réservent le droit de faire usage de l'arme nucléaire contre les auteurs de telles attaques.

La doctrine nucléaire russe a été quant à elle fondamentalement révisée en 2000. Auparavant la Russie n'envisageait l'utilisation de l'arme nucléaire que dans le seul cas ou elle était victime d'agression. Dorénavant pour la sauvegarde de sa sécurité nationale, elle n'exclut l'usage d'aucune arme à sa disposition, y compris l'arme nucléaire. Elle considère également que cette arme jouera en matière de dissuasion un rôle déterminant face à la stratégie américaine de déployer le système antimissile dans certains pays qui l'entourent.

Cette doctrine a connu une certaine évolution à partir de 2010. Désormais, « *La Russie se réserve le droit d'utiliser des armes nucléaires en cas d'attaque aux armes nucléaires ou autres armes de destruction massive contre elle et/ou ses alliés, ainsi qu'en cas d'agression avec des armes*

---

[17] « Les doctrines nucléaires », accessible à l'adresse suivante : http://www.ladocumentationfrancaise.fr/dossiers/nucleaire/doctrines.shtml

[18] « Obama bouleverse la doctrine nucléaire américaine», Figaro.fr http://www.lefigaro.fr/international/2010/04/07/01003-20100407ARTFIG00035-obama-bouleverse-la-doctrine-nucleaire-americaine-.php

conventionnelles mettant en danger l'existence même de l'État[19] ». A noter par ailleurs que parmi les entités qui menacent la sécurité de la Russie, figurent notamment l'OTAN et le terrorisme.

Le Royaume-Uni estime que l'arme nucléaire joue un rôle dissuasif et constitue un élément fondamental pour sa sécurité et permet d'éviter la guerre. Il considère également que la non prolifération des armes nucléaires est une des priorités de sa politique de défense et admet à ce titre, que tant que persisteront les incertitudes induites par la prolifération des arsenaux nucléaires, le nucléaire demeurera un élément essentiel de son indépendance. Le Royaume-Uni se réserve ultimement le droit d'utiliser l'arme nucléaire contre un Etat qui menace ses intérêts vitaux, peu importe que cet Etat soit ou non détenteur d'arme nucléaire. Toutefois *« depuis le démantèlement de la composante aérienne, en 1998, la dissuasion nucléaire britannique repose sur la seule composante maritime : trois SLNE, équipés de missiles Trident, de conception américaine. (…). Londres a renoncé à maîtriser l'ensemble de la filière technologique nucléaire, notamment les lanceurs, ce qui crée de facto une dépendance technologique (donc politique) à l'égard des Etats-Unis, et intégré l'usage de ses forces à la réponse qu'apporterait l'OTAN en cas d'agression [20] »*.

La doctrine chinoise consiste à n'utiliser l'arme nucléaire que contre un adversaire qui le ferait à son encontre. Bien qu'elle ne dispose que d'une quantité réduite de ces armes, la Chine estime que sa force de contre attaque nucléaire est efficace. Cependant elle s'interdit de faire usage de cette arme ou de proférer des menaces de son utilisation contre les Etats qui n'en sont pas dotés.

La France considère l'arme nucléaire comme une arme de dissuasion lui permettant d'assurer son indépendance vis-à-vis de tout adversaire aussi puissant soit-il et s'engage en même temps à ne pas être la première à l'utiliser. Au regard de sa capacité d'infliger des pertes irréversibles, l'arme nucléaire constitue pour la France un énorme gage de sécurité. Cependant tenant compte de la limitation de ses capacités de défense classique, la

---

[19] *« Les doctrines nucléaires »*, accessible à l'adresse suivante : http://www.ladocumentationfrancaise.fr/dossiers/nucleaire/doctrines.shtml

[20] *« Les doctrines nucléaires »*, le cas du Royaume Uni, accessible à l'adresse suivante : http://www.ladocumentationfrancaise.fr/dossiers/nucleaire/doctrines.shtml

France prévoit la possibilité d'être la première à utiliser cette arme contre un adversaire redoutable sur le plan militaire.

Depuis 1998, date à la quelle, elle a procédé à des essais nucléaires, il est désormais établit que l'Inde a fait son entrée dans le cercle réduit d'Etats dotés de l'arme nucléaire. L'Inde a donc définit une doctrine nucléaire fondée essentiellement sur deux éléments. Le premier consiste à ne pas augmenter sa capacité nucléaire ou à la diversifier dès lors que son stock est jugé suffisant pour dissuader. Le second élément consiste à ne pas être la première à faire usage de cette arme et de ne l'utiliser qu'à titre de contre attaque contre un adversaire qui l'attaquera par des armes nucléaires ou qui la menacera d'une telle attaque.

La dissuasion nucléaire du Pakistan vise en particulier son voisin, l'Inde, pays auquel il est opposé depuis 1947 à propos du Cachemire. Le Pakistan a effectué des essais nucléaires à la même année que l'Inde, mais à la différence de celle-ci, elle n'a pas officiellement exposée sa doctrine nucléaire. Toutefois, il ressort des déclarations de ses responsables gouvernementaux que l'arme nucléaire joue avant tout un rôle dissuasif. Ensuite, le Pakistan s'engage à ne pas être le premier à faire usage de cette arme sauf dans deux cas : s'il est attaqué par les mêmes armes et si son indépendance est menacée.

Enfin, soupçonné par de nombreux Etats de détenir l'arme nucléaire, l'Israël n'a ni infirmé ni confirmé cette information et pour maintenir l'ambigüité à son sujet elle n'a défini aucune doctrine concernant l'utilisation de cette arme. Si la politique d'ambigüité nucléaire entretenue par l'Israël lui permet de bénéficier de l'appui des USA en particulier, cette politique représente aussi « *un facteur contribuant à l'instabilité de la région et pourrait constituer un obstacle à la création du climat de confiance indispensable pour parvenir à un règlement politique global du conflit israélo-arabe. Par l'incertitude qu'elle crée, elle est porteuse de risques pour les intérêts de sécurité des Etats-Unis et pour la pérennité du régime de non-prolifération[21]* ».Toutefois, certaines voix commencent à s'élever pour que cette ambigüité soit levée. Dans une note de recherche stratégique du 9 juin 2014, l'Institut de Recherche Stratégique et de l'Ecole Militaire (IRSEM) fait état d'un article publié le 27.05. 2014 par le Begin Sadat Center for Strategic Studies de l'université Bar Ilan

---

[21] « *L'armement nucléaire Israélien, un tabou* », Abdel wahab BIAD, Maître de conférences à l'université de Rouen en France, accessible à l'adresse suivante : http://www.diplomatie.gouv.fr/fr/IMG/pdf/49_712-725.pdf

de Tel-Aviv, un Think Tank reconnu proche du premier ministre israélien, Benjamin Netanyahou, dans lequel il est ouvertement demandé à Israël de s'affirmer en tant que puissance nucléaire. Cette étude encourage le gouvernement à définir en particulier vis-à-vis du danger que représente l'Iran pour la sécurité de l'Etat hébreu, une doctrine nucléaire basée sur la dissuasion nucléaire et sur une défense conventionnelle[22].

d) La réglementation internationale des armes nucléaires

Bien que son utilisation soit nocive pour l'environnemental et la santé humaine, l'arme nucléaire est très curieusement une arme dont l'emploi est non interdit en droit international comme l'a rappelé en 1996 la Cour internationale de justice (CIJ) dans un avis rendu à propos de l'illicéité ou non de recourir à cette arme. Cependant, il existe à travers le Traité sur la non-prolifération des armes nucléaires (TNP) signé le 1er juillet 1968 et le texte instituant l'Agence internationale de l'énergie atomique (AIE) un régime international discriminatoire de prévention et de lutte contre la prolifération des armes nucléaires. Au regard du lien qui existe entre la prolifération de ces armes et le risque de les utiliser sur le théâtre des conflits, le régime de contrôle interdit l'accès aux armes nucléaires aux Etats qui n'en sont pas dotés. L'interdiction de disposer de cette arme prive de facto ces Etats de la possibilité d'y accéder. L'effort international de désarmement nucléaire ou de réduction de ces armes se décline également aux plans multilatéral, régional et bilatéral.

d-1) L'avis de la CIJ sur la question de la licéité des armes nucléaires

C'est à la suite d'une question posée par l'Assemblée Générale des Nations Unies (AGNU) à la CIJ que cette dernière donnera le 8 juillet 1996 son avis sur la licéité de la menace ou de l'emploi d'armes nucléaires. La question posée par l'Assemblée était la suivante : « *Est il permis en droit en droit international de recourir à la menace ou à l'emploi d'armes nucléaires en toutes circonstances ?[23].* »

---

[22] « *Vers une nouvelle posture nucléaire israélienne ? »*, article de Pierre Razoux, Directeur de recherche chargé du pôle *pensées stratégiques comparées* à l'IRSEM, accessible à l'adresse suivante : http://www.defense.gouv.fr/irsem/page-d-accueil/vient-de-paraitre/nrs-9-posture-nucleaire-israelienne
[23] Cette question est contenue dans la Résolution 49/75 K adoptée le 15 décembre 1994.

Bien que la question soulève de nombreuses considérations politiques, la CIJ ne lui a pas dénié le caractère de question juridique, d'où par conséquent la nécessité d'apporter à l'interrogation une réponse fondée en droit. Ainsi au point 35 de son avis, la CIJ se livre à la description de l'impact sur l'environnement et la santé de l'explosion d'une arme nucléaire. La CIJ considère que partant de ces caractéristiques, les armes nucléaires ont un pouvoir destructeur illimité dans le temps et dans l'espace et elles ont « (...) *Le pouvoir de détruire toute civilisation ainsi que l'écosystème tout entier de la planète (...). Le rayonnement libéré par une explosion nucléaire aurait des effets préjudiciables sur la santé, l'agriculture, les ressources naturelles et la démographie, et cela sur des espaces considérables. De plus, l'emploi d'armes nucléaires ferait courir des dangers les graves aux générations futures. Le rayonnement ionisant est susceptible de porter atteinte à l'environnement, à la chaîne alimentaire et à l'écosystème marin dans l'avenir, et de provoquer des tares et des maladies chez les générations futures* ».

Aux points 27 et 28 de son avis, la CIJ prend acte des différentes argumentations émanant des Etats sur la question de la licéité ou non d'utiliser l'arme nucléaire eu égard à ses conséquences. En effet, certains Etats estiment qu'il existe des traités internationaux qui interdisent le recours aux armes nucléaires. A l'appui de leurs thèses, ils invoquent notamment le Protocole additionnel I de 1997 aux Conventions de Genève qui par le biais du paragraphe 3 de son article 35 interdit l'emploi de « *méthodes ou de moyens de guerre qui sont conçus pour causer, ou dont on peut attendre qu'ils causent des dommages étendus, durables et graves à l'environnement naturel* ». Ces Etats citent aussi la Convention sur l'interdiction d'utiliser des techniques de modification de l'environnement à des fins militaires ou toutes autres fins hostiles du 18 mai 1977 en son article premier. D'autres Etats en revanche ont fait valoir devant la CIJ que les traités invoqués excluent l'arme nucléaire avant de mettre en doute le caractère contraignant desdits traités.

Face à ces arguments, la CIJ ne dénie pas aux Etats, conformément à l'article 51 de la Charte des Nations Unies leur droit à la légitime défense s'ils sont agressés, et considère que l'existence des traités internationaux de protection de l'environnement ne prive pas l'Etat de son droit de riposte, y compris par les armes nucléaires, si cette riposte prend en compte le respect de l'environnement. A cet égard, dans la poursuite d'objectifs militaires légitimes, la Cour déclare que « *le respect de l'environnement est l'un des éléments qui permettent de juger si une action est conforme aux principes de nécessité et de proportionnalité ».*

Enfin la CIJ constate dans le point 33 de son avis que « *(…) si le droit international relatif à la protection et à la sauvegarde de l'environnement n'interdit pas spécifiquement l'emploi d'armes nucléaires, il met en avant d'importantes considérations d'ordre écologiques qui doivent être dûment prises en compte dans le cadre de la mise en œuvre des principes et règles du droit applicable dans les conflits armés ».* Toutefois, malgré les caractéristiques uniques des armes nucléaires (elles ne distinguent pas les cibles civiles des cibles militaires et elles causent des souffrances inutiles), la CIJ au point E de son avis déclare par sept voix sur sept par la voix prépondérante de son Président que « *Au vu de l'état actuel du droit international, ainsi que des éléments de fait dont elle dispose, la cour ne peut cependant conclure de façon définitive que la menace ou l'emploi d'armes nucléaires serait licite ou illicite dans une circonstance extrême de légitime défense dans la quelle la survie même d'un Etat serait en cause ».*

En effet, il ressort de l'examen de cet avis que la CIJ ne tranche pas avec la précision voulue la question posée. L'avis ne se prononce ni en faveur et ni contre l'usage des armes nucléaires et cela laisse la porte ouverte à diverses interprétations. Par ailleurs au point F de son avis, la CIJ trouve un échappatoire, en renvoyant la délicate question de la dénucléarisation dans le camp des Etats. Ainsi, elle déclare à l'unanimité qu' « *Il existe une obligation de poursuivre de bonne foi et de mener à terme des négociations conduisant au désarmement nucléaire dans tous ses aspects, sous un contrôle international strict et efficace ».*

d-2) Réglementation multilatérale

Cette réglementation repose sur un certain nombre de traités internationaux parmi lesquels on peut citer les traités relatifs à la non-prolifération des armes nucléaires, à l'interdiction complète des essais nucléaires et à l'interdiction des essais d'armes nucléaires dans l'atmosphère, dans l'espace extra-atmosphérique et sous l'eau.

d-2-1) Le Traité sur la non-prolifération des armes nucléaires

En plus de la reconnaissance d'un lien entre la prolifération des armes nucléaires dans le monde et le risque de réalisation de guerres nucléaires, le TNP, signé le 1er juillet 1968 et entré en vigueur en mars 1970, constate dans son préambule que les dévastations qu'une guerre nucléaire ferait subir à l'humanité entière justifie et rend nécessaire l'édiction des mesures visant à écarter le risque d'une telle guerre et à préserver la sécurité des peuples[24].

Dans on article premier, le TNP déclare que *« Tout Etat doté d'armes nucléaires qui est Partie au Traité s'engage à ne transférer à qui que ce soit, ni directement ni indirectement, des armes nucléaires ou autres dispositifs nucléaires explosifs, ou le contrôle de telles armes ou de tels dispositifs explosifs; et à n'aider, n'encourager ni inciter d'aucune façon un Etat non doté d'armes nucléaires, quel qu'il soit, à fabriquer ou acquérir de quelque autre manière des armes nucléaires ou autres dispositifs nucléaires explosifs, ou le contrôle de telles armes ou de tels dispositifs explosifs »*. Aux termes de l'article 9.3 du TNP, un Etat est dit doté d'armes nucléaires s'il a fabriqué et fait exploser cette arme ou un autre dispositif nucléaire explosif avant le 1er janvier 1967. Il s'agit en fait des cinq membres permanents du Conseil de Sécurité de l'Organisation des Nations Unies, à savoir : Les Etats unis d'Amérique, la France, le Russie, le Royaume Uni et la Chine.

Il est également interdit aux Etats Parties non dotés d'armes nucléaires d'accepter le transfert de ces armes, de les fabriquer ou de les acquérir (article 2). Cependant ce traité ne doit pas constituer un obstacle aux activités de recherches scientifiques dans le domaine nucléaire lorsque le but de ces recherches vise un objectif qui est strictement pacifique (article 4.1). Ce traité, même s'il encourage en son article 6 les Etats Parties *« (...) à poursuivre de bonne foi des négociations sur les mesures efficaces relatives à la cessation de la course aux armements nucléaires (...) sous un contrôle international stricte et efficace »*, il ne se prononce pas en faveur de l'interdiction d'employer et de la destruction des armes nucléaires.

En effet le TNP cristallise le rapport discriminatoire entre les Etats dotés d'armes nucléaires et ceux qui ne le sont pas. Il interdit l'accès à ces armes à la seconde catégorie d'Etats par le biais d'accords de garantie que ces Etats passent avec l'Agence Internationale de l'Energie Atomique (AIEA) qui a son siège à Vienne. Cette organisation qui dépend directement du Conseil de Sécurité est créé en 1957 et aux termes de l'article 2 de son Statut, elle a pour objectif de *« (...) hâter et d'accroître la contribution de l'énergie atomique à la paix, la santé et la prospérité dans le monde entier. Elle s'assure, dans la mesure de ses moyens, que l'aide fournie par elle-même ou à sa demande ou sous sa direction ou sous son contrôle n'est pas utilisée de*

---

[24] *« Traité sur la non prolifération des armes nucléaires »*, accessible au lien suivant :
http://www.un.org/fr/disarmament/instruments/npt.shtml

manière à servir à des fins militaires[25] ». Aussi l'article 3 du traité TNP lui permet de vérifier que les Etats non dotés d'armes nucléaires utilisent l'énergie nucléaire pour des fins strictement pacifiques. Le mécanisme de contrôle de l'AIEA s'est renforcé à partir de 1991 avec la découverte de l'existence d'un programme nucléaire militaire en Irak. C'est pour donner un sens à cette réorientation que fut adopté le 22 septembre 1998 un protocole additionnel complétant le régime existant. Ce protocole donne à l'AIEA d'importants pouvoirs intrusifs qui lui permettent par exemple de s'assurer qu'un Etat officiellement non doté d'armes nucléaires n'a pas ces armes et qu'il ne se livre pas à des activités nucléaires non déclarées. Il permet également aux inspecteurs de l'AIEA d'avoir un accès aux installations qui exploitent l'énergie nucléaire. Malgré tout, le régime international de lutte contre la prolifération des armes nucléaires est mis à rude épreuve par deux principaux facteurs.

Le premier concerne le comportement de certains pays qui œuvrent pour rejoindre la catégorie d'Etats dotés de l'arme nucléaire. Il s'agit principalement de l'Iran et de la Corée du nord. Signataire du TNP, l'Iran est accusé par son proche rival, l'Israël et les pays occidentaux, en particulier les Etats Unis, depuis 2000 de se livrer à des activités qui consistent à utiliser l'énergie nucléaire à des fins militaires. Cette suspicion a pris de l'ampleur avec le refus de l'Iran de donner libre accès aux inspecteurs de l'AIEA à ses sites incriminés. Ce bras de fer qui lui a valu de sévères sanctions internationales commencent à s'apaiser avec l'avancée des négociations entre l'Iran et le « Groupe 5+1 » composé des Etats Unis, de la France, du Royaume Uni, de la Chine, de la Russie plus l'Allemagne. Ainsi, un accord cadre est conclu entre les deux parties le 2 avril 2015 à Lausanne[26]. Cet accord fixe les lignes directrices d'un accord définitif prévu pour le mois de juin 2015[27]. L'accord intérimaire est le produit d'un compromis, car il permet de renforcer le contrôle international sur le programme nucléaire de l'Iran

---

[25]Statut de l'AIEA, accessible au lien suivant :
http://independentwho.org/media/Documents_Autres/Le_statut_de_L_AIEA.pdf

[26] *« Les quatre points clefs de l'accord sur le nucléaire iranien »*, le monde.fr.
http://www.lemonde.fr/proche-orient/article/2015/04/02/nucleaire-iranien-un-accord-se-profile_4608769_3218.html

[27] http://www.diplomatie.gouv.fr/fr/actions-france_830/desarmement_4852/colonne-droite_4884/textes-reference_4988/traite-sur-non-proliferation-armes-nucleaires-tnp_12984.html

d'une part, et d'autre part, il permet d'aller vers une levée des sanctions internationales qui étouffent l'économie de ce pays.

En ce qui concerne la Corée du Nord, elle se trouve engagée dans un dialogue difficile avec l'occident depuis son retrait du TPN en janvier 2003. Outre sa déclaration de renoncer à cette l'arme nucléaire en échange de solides garanties sécuritaires et d'un accès au nucléaire civil, la Corée du nord ne cesse de menacer ses voisins en effectuant des essais nucléaires. Elle a par exemple effectué le 25 mai 2009 au tir d'un missile balistique qui a survolé le Japon[28]. De plus, les révélations sur la capacité de ce pays sont plus qu'inquiétantes. On estime qu'il dispose déjà d'une vingtaine d'ogives nucléaires et que d'ici 2020, il aura 100 armes nucléaires[29].

Le second facteur de menace à la viabilité du régime international de contrôle des armes nucléaires vient du développement des réseaux clandestins de trafic de technologies nucléaires[30]. La dissolution de l'URSS a posé de nombreux problèmes : On peut citer par exemple le détournement du matériel nucléaire vers des Etats qui développent ou ont l'intention de mettre au point des programmes clandestins de fabrication d'armes nucléaires. Dans sa Résolution 1540 en date du 28 avril 2004, le Conseil de Sécurité des Nations Unies prenait la mesure du problème et a déclaré à ce titre qu'il était *« gravement préoccupé par la menace du terrorisme et par le risque de voir des acteurs non étatiques (…), se procurer des armes nucléaires (…) et leurs vecteurs, en mettre au point, se livrer à leur trafic ou en faire usage »* ainsi que *« par la menace que constitue le trafic d'armes nucléaires (…) et de leurs vecteurs, ainsi que des matières connexes, qui ajoute une dimension nouvelle à la question de la prolifération de ces armes et fait également peser une menace sur la paix et la sécurité internationales »*. Le Conseil décide à cet égard que les États *« doivent s'abstenir d'apporter une forme d'aide*

---

[28] *« Punir ou négocier ? Les enjeux de l'escalade nucléaire de la Corée du Nord »*, publié le 15.6.2009 par Luc Mampaey, sur le site web du GRIP à l'adresse suivante : http://www.grip.org/fr/siteweb/dev.asp?N=simple&O=746&titre_page=NA_2009-06-15_FR_L-MAMPAEY

[29] *« Inquiétude sur l'arsenal nucléaire nord-coréen »*, le figaro.fr. http://www.lefigaro.fr/flash-actu/2015/04/23/97001-20150423FILWWW00022-le-programme-nucleaire-de-pyongyang-s-accelere.php

[30] Informations sur le marché noir des armes nucléaires, accessible au lien suivant : http://www.ladocumentationfrancaise.fr/monde/chronologies/pdf/onu1540.pdf

quelconque à des acteurs non étatiques qui tentent de mettre au point, de se procurer, de fabriquer, de posséder, de transporter, de transférer ou d'utiliser des armes nucléaires, chimiques ou biologiques et leurs vecteurs »

d-2-2) Le Traité d'interdiction complète des essais nucléaires

Non encore entré en vigueur, ce traité a été signé à New York le 24 septembre 1996 [31]. Outre l'établissement d'un lien entre l'interdiction des essais nucléaires et la protection de l'environnement dans son préambule, ce traité part également du postulat selon lequel la cessation des explosions expérimentales d'armes nucléaires et de toutes autres explosions nucléaires a pour effet de freiner les efforts de développement de nouveaux types d'armes nucléaires. Les Etas parties considèrent dès lors que la conclusion d'un traité universel d'interdiction complète des essais assorti d'un mécanisme efficace de contrôle est un excellent moyen pour atteindre les objectifs d'un désarmement nucléaire au plan mondial. Ainsi, le TICE en son article 1er interdit à ses Etats parties de procéder à l'explosion expérimentale d'arme nucléaire, ou à d'autres explosions nucléaires.

La mise en œuvre effective du traité implique l'adoption par les Etats parties des mesures législatives au plan national en vue de donner plein effet au traité. Ces mesures doivent concerner l'interdiction d'entreprendre les activités interdites par le présent traité et la mise sur pied d'une autorité nationale chargée d'assurer la liaison entre l'Etat partie, l'organisation et les autres États parties (article 3). Le régime de vérification instauré par le présent traité repose sur un système de surveillance international, la consultation et la clarification, les inspections sur place et les mesures de confiance (article 4).

Il est également institué dans le cadre de sa mise en œuvre une Organisation du Traité d'interdiction complète des essais nucléaires ayant son siège à Vienne (article 2). Cette organisation a notamment pour but, de vérifier le respect des obligations découlant du traité. Les organes permettant le bon fonctionnement de cette organisation sont: la Conférence des États parties, le Conseil exécutif et le Secrétariat technique, lequel comprend le Centre international de données.

---

[31] *« Traité d'interdiction complète des essais nucléaires »,* accessible au lien suivant :
http://www.un.org/fr/disarmament/instruments/ctbt.shtml

La Conférence des États parties se compose de tous les Etats parties. Elle tient des sessions ordinaires qui ont lieu chaque année à moins qu'elle n'en décide autrement. Elle peut tenir aussi lorsque cela est justifié une session extraordinaire. Etant l'organe principal de l'organisation, la conférence des Etats parties a entre autres un pouvoir de supervision de l'application du traité ainsi que des activités du Conseil exécutif et du Secrétariat technique et peut adresser des directives à l'un ou l'autre de ces organes dans l'accomplissement de leurs fonctions. Le Conseil exécutif est l'organe d'exécution de l'organisation et dispose d'importants pouvoirs lui permettant d'œuvrer à l'application effective et au respect des dispositions du Traité, de superviser les activités du Secrétariat technique, de faire des recommandations concernant la réalisation de l'objet et du but du Traité et de conclure après approbation de la conférence des parties des accords internationaux engageant l'organisation.

Le Secrétariat technique enfin assiste les Etats à appliquer le traité et aide la Conférence et le Conseil exécutif dans l'accomplissement de leurs fonctions. Il assure ainsi un service administratif fort important.

d-2-3) Le traité interdisant les essais d'armes nucléaires dans l'atmosphère, dans l'espace extra-atmosphérique et sous l'eau

Ce traité est signé à Moscou le 5 août 1963 et lie trois Etats : les Etats-Unis, la Grande-Bretagne et l'URSS[32]. Le souci de protection de l'environnement apparait dans le préambule de ce traité. Il y est déclaré que par ce traité, les Etats sont *« désireux de mettre un terme à la contamination du milieu ambiant de l'homme par des substances radioactives »*. Et pour atteindre ce but, ils interdisent (article 1er) toute explosion expérimentale d'arme nucléaire, ou toute autre explosion nucléaire dans l'atmosphère, dans l'espace extra-atmosphérique et sous l'eau (y compris les eaux territoriales ou la haute mer)

d-3) Réglementation régionale

Cette réglementation a trait aux traités qui instituent des zones exemptes d'armes nucléaires. Il existe dans le monde cinq zones qui rentrent dans cette catégorie.

d-3-1) Traité sur l'Antarctique

---

[32] Le texte du traité est accessible à partir du lien suivant :
http://www.un.org/fr/disarmament/instruments/ptbt.shtml

Signé à Washington le 1er décembre 1959, ce traité stipule dans son préambule qu'il « (...) est de l'intérêt de l'humanité tout entière que l'Antarctique soit à jamais réservé aux seules activités pacifiques et ne devienne ni le théâtre ni l'enjeu de différends internationaux » et prescrit à son article 5 le principe d'interdiction de toute explosion nucléaire dans l'Antarctique ainsi que l'élimination dans cette région de déchets radioactifs[33].

d-3-2) Traité de Tlatelolco

Ce traité est signé le 14 février 1976 et a pour but l'interdiction des armes nucléaires en Amérique Latine. Dans le préambule dudit traité, les Etats signataires sont convaincus « Que les armes nucléaires, dont les terribles effets atteignent sans distinction et sans merci les forces armées et la population civile, constituent, vu la persistance de la radioactivité qu'elles engendrent, une atteinte à l'intégrité de l'espèce humaine et risquent de rendre finalement toute la Terre inhabitable ». Dès lors, aux termes de l'article premier du traité les Parties s'engagent à n'utiliser que dans un cadre pacifique leurs installations nucléaires [34]. Elles s'interdisent en outre à effectuer des essais nucléaires, à employer, à fabriquer et à acquérir des armes nucléaires de manière directe ou indirecte.

d-3-3 Traité sur la zone dénucléarisée du Pacifique Sud et ses trois protocoles

Dans son préambule, ce traité, signé à Rarotonga le 6 août 1985 constate que la course aux armements nucléaires comporte le risque d'une guerre nucléaire qui aurait des conséquences dévastatrices pour tous les peuples[35]. Dans cette perspective il interdit en son article 3 relatif à la "renonciation aux dispositifs explosifs nucléaires" les actes suivants : le fait de fabriquer, d'acquérir un dispositif nucléaire aussi bien à l'intérieur qu'à l'extérieur de la Zone dénucléarisée du Pacifique Sud. Aussi de rechercher ou de recevoir une aide relative à l'obtention d'un explosif nucléaire. Et enfin le fait d'encourager ou d'aider d'autres pays à posséder un dispositif nucléaire.

---

[33] Le texte du traité est accessible à partir du lien suivant :
http://www.un.org/fr/disarmament/instruments/tant.shtml

[34] Le texte du traité est accessible à partir du lien suivant :
http://www.un.org/fr/disarmament/instruments/ttlc.shtml

[35] Le texte du traité est accessible à partir du lien suivant :
http://www.un.org/fr/disarmament/instruments/trtg.shtml

Aussi l'article 8 du traité met en place un système de contrôle pour vérifier le respect par les Etats parties de leurs obligations conventionnelles. Ce système inclut des comptes rendus et des échanges d'informations, des consultations, l'application aux activités nucléaires pacifiques des garanties de l'AIEA et enfin, une procédure de plainte.

A ce traité sont joints trois protocoles. Le premier est destiné aux pays qui disposent de certains territoires dans le pacifique sud. Ces pays ne doivent y implanter des armes nucléaires. Le deuxième protocole interdit l'usage des armes nucléaires contre les Etats parties au traité. Le troisième protocole interdit dans la zone toutes explosions nucléaires à titre expérimentales.

Après avoir procédé à des essais nucléaires, la France a signé les trois protocoles du traité de Rarotonga en septembre 1996 en émettant la réserve aux termes de laquelle: *"Aucune disposition des Protocoles ou des articles du Traité auxquels ils renvoient ne saurait porter atteinte au plein exercice du droit naturel de légitime défense prévu par l'Article 51 de la Charte des Nations Unies"*.

d-3-4) Le Traité créant une zone dénucléarisée en Asie du Sud-est

Il est signé à Bangkok le 15 décembre 1995[36]. Aux termes de son article 3, ce traité interdit à ses Etats parties de développer, fabriquer, acquérir, posséder ou contrôler des armes nucléaires, de tester ou utiliser ces armes. Pour les Etats parties, cette interdiction est applicable dans la zone géographique concernée et à l'extérieur de cette zone. Cependant il n'est pas interdit aux Etats de développer et d'utiliser l'énergie nucléaire à des fins pacifiques conformément aux directives de l'A.I.E.A. relatives à la protection de la santé et à la minimisation des risques pour la vie et pour les biens. En son article 10, le traité prévoit un système de contrôle de ses obligations. Le contrôle est effectué par le biais d'un système de garantie de l'A.I.E.A.

Pour sa mise en œuvre, le traité prévoit la mise en place de deux organes: Le premier, prévu par l'article 8 est une Commission pour la zone exempte d'armes nucléaires en Asie du Sud-est. Cette Commission a pour mission de *« surveiller l'application du présent Traité et de veiller au respect de ses dispositions »* (article 8.3). Le deuxième organe est le Comité exécutif, qui est

---

[36] Le texte du traité est accessible à partir du lien suivant :
http://www.un.org/fr/disarmament/instruments/tbkk.shtml

un organe subsidiaire de la Commission. Le comité exécutif a notamment pour tâche de veiller au bon fonctionnement des mesures de contrôle, conformément aux dispositions du système de contrôle prévu à l'article 10 et d'effectuer les missions qui lui sont confiées par la Commission.

d-3-5) Traité de Pelindaba

Ce traité ouvert à la signature depuis le 11 avril 1996 n'est pas encore rentré en vigueur. Il s'inspire de la Déclaration de l'Organisation de l'Unité Africaine adoptée en juillet 1964 sur la dénucléarisation de l'Afrique. Ce traité érige le continent africain en zone dénucléarisée. Aux termes de son article 3, les Etats parties s'engagent :

« a) A ne pas entreprendre de recherche, à ne pas mettre au point, fabriquer, stocker ni acquérir d'une autre manière, posséder ou exercer un contrôle sur tout dispositif explosif nucléaire par quelque moyen ou en quelque lieu que ce soit;

b) A ne pas chercher ni recevoir une aide quelconque pour la recherche, la mise au point, la fabrication, le stockage, l'acquisition ou la possession de tout dispositif explosif nucléaire;

c) A s'abstenir de tout acte visant à aider ou encourager la recherche, la mise au point, la fabrication, le stockage, l'acquisition ou la possession de tout dispositif explosif nucléaire par tout Etat quel qu'il soit ».

Les parties s'engagent en outre à ne pas effectuer des essais nucléaires mais ne s'interdisent pas de développer l'énergie nucléaire dans un cadre spécifiquement pacifique sous la supervision de l'AIEA. L'article 12.1 met en place la Commission africaine de l'énergie nucléaire chargée entre autres de contrôler la mise en œuvre des obligations des Etats parties et d'encourager les programmes régionaux de coopération dans les utilisations pacifiques de la science et de la technologie nucléaires.

Le traité comprend quatre annexes et trois protocoles. La première annexe dresse la carte de la zone dénucléarisée, la deuxième définit les modalités d'application des garanties de l'AIEA, la troisième donne le détail sur la Commission africaine de l'énergie nucléaire et la quatrième s'occupe définir la procédure à suivre dans le cadre du règlement des différends entre les Etats parties. Les protocoles qui constituent avec le trait un tout indivisible visent à impliquer les Etats dotés de l'arme nucléaire dans la réalisation de l'objectif du traité, à savoir, faire de l'Afrique un continent dénucléarisé. Le premier protocole porte sur l'engagement des pays dotés de l'arme nucléaire à ne pas attaquer un pays africain par le biais de l'arme nucléaire ou proférer à son encontre une telle menace. Le second protocole interdit aux Etats dotés de l'arme nucléaire de d'effectuer des essais nucléaires à l'intérieur de la zone. Le troisième protocole porte sur le respect du traité les pays qui sont internationalement de territoires situés dans la zone dénucléarisée.

d-4) Réglementation bilatérale

Un nombre important d'accords bilatéraux concernant la limitation des armes nucléaires a été signé entre les USA et l'ex Union soviétique pendant la guerre froide. Après cette période, c'est avec la Russie et d'autres Etats de l'ancienne Union Soviétique qui ont hérité de l'essentiel des arsenaux nucléaires soviétiques que l'effort de réglementation a continué. A ce titre on peut notamment citer la réduction à travers différents accords bilatéraux, des systèmes de missiles anti missiles, des armes stratégiques offensives ainsi que l'accord sur le désarmement nucléaire.

d-4-1) Les traités SALT I et II

Signé le 26 mai 1972 à Moscou entre les USA et l'Union Soviétique et entré en vigueur le 3 octobre de la même année, l'Accord SALT I *« gelait pour cinq ans le nombre total de dispositifs terrestres de lancement pour des missiles balistiques intercontinentaux, autrement dit, les deux pays ne pouvaient accroître le nombre de ces dispositifs de lancement au-delà du nombre de ceux qui étaient déjà opérationnels ou en construction[37] »*. La Mise en œuvre de cet accord relève de la compétence des Etats parties à l'accord mais les questions qui ont trait à l'application de l'accord relève du domaine de compétence de la Commission consultative permanente mise en place dans le cadre du Traité concernant la limitation des systèmes antimissiles balistiques.

Le Traité SALT II signé le 18 juin 1979 à Vienne entre les USA et l'Union Soviétique est un prolongement de SALT I. SALT II *« obligeait chaque État partie à limiter les dispositifs de lancement de missiles balistiques intercontinentaux (ICBM), de missiles balistiques lancés par sous-marin (SLBM), de missiles balistiques air-surface et les bombardiers lourds à une*

---

[37] *« Accord SALT I ou Accord intérimaire SALT »*, accessible au lien suivant : http://www.un.org/fr/disarmament/instruments/asalt1.shtml

quantité totale ne dépassant pas 2 400 unités [38]». Même si SALT II n'a pas été ratifié par les deux Etats, ses dispositions furent néanmoins respectées. Tout comme SALT I, la Mise en œuvre de SALT II relève de la compétence des Etats parties mais les questions qui ont trait à l'application de l'accord relève du domaine de compétence de la Commission consultative permanente mise en place dans le cadre du Traité concernant la limitation des systèmes antimissiles balistiques.

d-4-2) Le traité ABM

Signé en 1972 entre les USA et l'Union soviétique, ce Traité *« interdit de déployer un système pour défendre le territoire national contre une attaque de missile balistique stratégique [39] »*.

Aux termes du traité ABM, chaque partie s'engage à ne posséder que 100 lanceurs ABM et à ne déployer que 100 missiles ABM sur son territoire[40]. Cependant lorsque l'URSS fut dissoute dans les années « 90 », il s'est posée la question de la succession de ce traité. En 1993, les USA ont initié des négociations qui ont abouti à la signature en septembre 1997, des accords spécifiques avec la Russie, la Bélarusse, le Kazakhstan et l'Ukraine. Il a été prévu dans ces accords que ces quatre Etats allaient continuer à être lié aux USA par le traité ABM.

Mais au regard de la stratégie du gouvernement américain de développer et de déployer dans les années « 2000 » sur son territoire et sur celui de certains pays de l'Europe de l'est le bouclier antimissile devant les protéger éventuellement des tirs venant de certains Etats qualifiés alors par l'administration américaine d' *« Etats voyous »*, le Président Georges W. Bush a rendue publique le 13 décembre 2001, la décision du retrait de son pays du traité ABM. Pour les européens, russes et chinois la décision américaine allait remettre en cause les équilibres stratégiques internationaux et avoir pour effet immédiat la relance de la course aux armements.

---

[38] *« Traité de limitation des armes stratégiques »*, accessible au lien suivant : http://www.un.org/fr/disarmament/instruments/salt2.shtml

[39] *« Traité concernant la limitation des systèmes anti missile balistiques »*, accessible au lien suivant : http://www.un.org/fr/disarmament/instruments/abmt.shtml

[40] Dossier *« Le désarmement »* de la documentation française, accessible à partir du lien suivant : http://www.ladocumentationfrancaise.fr/dossiers/nucleaire/desar.shtml

d-4-3) Les Traités START (Strategic Arms Reduction Treaty)

Les deux traités portent sur la réduction et la limitation des armes stratégiques offensives[41]. Le premier traité dont les engagements ont été respectés fut signé le 31 juillet 1991 à Moscou avant d'entrer en vigueur en décembre 1994. Il avait pour objectif de réduire à 6000 le nombre des armes stratégiques déployées par les USA et la Russie. L'un des mérites de ce Traité qui a expiré en décembre 2009 est d'avoir réduit d'un tiers les arsenaux nucléaires détenus par ces deux pays. Le Traité START II quant à lui est signé à Moscou le 3 janvier 1993 et ratifié en 1996 par les USA et la Russie en 2000. Il va plus loin en matière de réduction d'armes stratégiques que le premier Traité, car il permettait la réduction avant fin 2003 à environ 3000, le nombre d'ogives nucléaires des forces stratégiques de ces deux Etats. Aussi, il prévoyait l'élimination des missiles balistiques intercontinentaux porteurs de charges multiples dont ils disposent. Cependant, ce Traité ne prévoyait aucun mécanisme de vérification des obligations conventionnelles et c'est pour cette raison que le 10 mai 1995, les présidents Clinton et Eltsine avaient signé une déclaration commune sur la transparence et l'irréversibilité du processus de réduction des armes nucléaires. En avril 2010, les Présidents Barack Obama et Dimitri Medvedev signèrent à Prague un nouveau Traité START qui vise notamment les objectifs suivants : « *la limitation à 1 500 du nombre d'ogives dans chacun des deux pays, soit environ 30% de moins que le nombre actuellement autorisé, la limitation à 800 du nombre de missiles intercontinentaux embarqués à bord de sous-marins et de bombardiers, ainsi que la vérification sur place des installations nucléaires et l'échange de données entre les deux pays[42]* ».

d-4-4) Le Traité sur la réduction des armements stratégiques offensifs

Connu en anglais sous l'appellation "Strategic offensive Reductions Treaty ou SORT", ce traité est signé le 24 mai 2004 à Moscou entre les Présidents

---

[41] « *Traité sur la réduction des armes stratégiques (START I et START II* ». Etude du parlement européen, accessible à partir du lien suivant :
http://www.europarl.europa.eu/workingpapers/poli/w23/start_fr.htm

[42] Dossier « *Le désarmement* » de la documentation française, accessible à partir du lien suivant :
http://www.ladocumentationfrancaise.fr/dossiers/nucleaire/desar.shtml

Georges W. Bush et Poutine[43]. Il porte sur la réduction de deux tiers des armements stratégiques offensifs des USA et de la Fédération de Russie sur une période de dix ans et prévoit la limitation au 31 décembre 2012 des charges nucléaires opérationnelles des deux pays à 1700 à 22000 unités au maximum. En ce qui concerne la mise en œuvre des obligations conventionnelles, le traité SORT laisse à ces deux Etats, la liberté de choisir les moyens par lesquels ils entendent planifier la réduction des armes, objet du traité. Pour vérifier si les réductions prévues ont eu effectivement lieu, le traité SORT en son article 3 prévoit, sans autres précisions, la mise en place d'une Commission bilatérale investie d'une mission de vérification et qui se réunira deux fois par an. Enfin la procédure de retrait d'un Etat partie de ce traité ne soulève guère de difficultés. En effet la partie qui le souhaite peut se retirer sans être obligé à motiver sa décision après seulement un délai de préavis de trois mois.

Pour conclure, on peut dire que parallèlement à l'effort certes limité des Etats d'atteindre les objectifs du désarmement nucléaire, il convient de souligner l'existence de nombreuses initiatives internationales pacifistes privées en faveur de la dénucléarisation. Etant l'un des témoins privilégié des tragédies humanitaires, notamment celles d'Hiroshima et de Nagasaki au cours de la deuxième guerre mondiale, le CICR a très tôt lancé le 5 septembre 1945 un appel en faveur de la réglementation de l'arme nucléaire. Estimant qu' *« il serait vain de vouloir déjà préjuger l'avenir de cette arme nouvelle et même se prononcer sur l'espoir de voir les Puissances y renoncer totalement, voudraient elles au moins la tenir en réserve, pour ainsi dire, et cela de façon durable et sure, comme une ultime garantie contre la guerre et comme un moyen de sauvegarder l'ordre équitable ?[44] »*. C'est bien plus tard dans son appel du 5 avril1950, que le CICR franchira la seconde étape de son approche, en se prononçant cette fois-ci sans ambigüité en faveur de l'interdiction totale des armes nucléaires. Il demandera alors aux gouvernements *« (…) de tout mettre en œuvre pour aboutir à une entente sur la prohibition de l'arme atomique (…) »*. D'un point de vue juridique, le

---

[43] *«Le Traité sur la réduction des armements stratégiques offensifs et les nouvelles relations entre les Etats unis et la Fédération de Russie »*, article de Jean Klein, disponible sur le site web de l'annuaire français de relations internationales : http://www.afri-ct.org/spip.php?article492

[44] *«Le Comité international de la Croix-Rouge et les armes nucléaires : d'Hiroshima à l'aube du XXI siècle »*, François Bugnion dans Revue internationale de la Croix-Rouge, volume 87, sélection française 2005.

véritable désarmement nucléaire devrait d'une part passer par l'adoption d'une convention internationale dédiée à l'interdiction d'utiliser, de fabriquer, d'acquérir et de vendre l'arme nucléaire ainsi que leurs vecteurs de lancement, et d'autres part, par l'obligation de détruire dans des conditions respectueuses de l'environnement et de la santé humaine les armes nucléaires et leurs vecteurs de lancement. Mais cet objectif, aussi noble soit-il se heurte à diverses difficultés. La première est la doctrine sécuritaire des Etats détenteurs de l'arme nucléaire pour lesquels cette arme demeure indispensable pour la sauvegarde de leurs intérêts vitaux dans un monde de plus en plus incertain. La deuxième est la pression exercée sur les gouvernements des pays dotés de l'arme nucléaire par le complexe militaro industriel qui est lui favorable au maintien et au développement des flux financiers consacrés au perfectionnement des armes nucléaires. Enfin la troisième difficulté réside dans le risque du détournement vers une finalité militaire des activités l'exploitation industrielle de l'énergie nucléaire. Ce risque est mis en évidence depuis 1946 par J. Robert Oppenheimer, alors directeur scientifique du grand projet Manhattan aux Etats Unis. Il avait déclaré que : « *Nous savons très bien ce que nous ferions si nous devions signer une convention [d'élimination des armes nucléaires] : nous ne fabriquerions pas d'armes atomiques, au moins pas pour commencer, mais nous construirions d'énormes installations que nous appellerions "centrales de production d'énergie"... nous concevrions ces installations de telle manière qu'elles puissent être converties avec la plus grande facilité et le minimum de temps pour la production d'armes atomiques[45]* »

B)Les armes classiques

L'impact des armes classiques (mines, armes incendiaires, etc.) et des armes à sous munitions sur l'environnement et la santé humaine est néfaste. Les armes classiques polluent le sol et l'appauvrissent[46]. Par l'action du feu, elles peuvent également détruire les forêts mettant ainsi en danger les animaux qui y vivent. En ce qui concerne les armes à sous munitions elles furent utilisées pour la première fois pendant la deuxième guerre mondiale par

---

[45]Texte disponible sur le site du «*Réseau Sortir du nucléaire*» à l'adresse suivante : http://www.sortirdunucleaire.org/J-Robert-Oppenheimer-Physicien

[46] « *Les armes à sous munitions* », Rapport du Sénat français, accessible à partir du lien suivant : http://www.senat.fr/rap/r06-118/r06-118.html

l'Allemagne, et depuis lors elles ont été couramment larguées dans de nombreux conflits armés qui se sont déroulés notamment en Albanie, au Liban, en Bosnie Herzégovine, en l'Irak, au Kosovo, au Koweït, en Sierra Léone, au Vietnam et au Soudan. Toutefois, le cas des bombardements américains au Laos retient plus particulièrement l'attention, car une étude rendue publique par l'Institut des Nations Unies pour la Recherche sur le Désarmement indique que l'armée américaine aurait dispersée plus de 80 millions de sous-munitions sur le Laos parmi les quels on compte des millions de sous-munitions non explosées.

Sur le plan écologique, ces armes soulèvent des problèmes qu'on peut situer à deux niveaux : Le premier concerne son utilisation directe au cours d'un conflit armé. Selon le Programme des nations unies pour le développement, une fois qu'elles sont larguées, ces armes provoquent non seulement des blessures mortelles aux humains mais aussi *« (…) contaminent les terres arables, tuent le bétail et détruisent les abris, entravant en permanence le relèvement économique et le développement »*.

Le second problème concerne la contamination de vastes zones (forêts, terres agricoles…) par ces bombes et la nécessité de leur dépollution par l'enlèvement des sous munitions non explosées et leur destruction selon les normes respectueuses de l'environnement. Pour faire face aux menaces que font peser ces armes sur l'environnement, la communauté internationale a adopté une série de traités internationaux qui réglementent ou interdisent dans certains cas l'usage de ces instruments de guerre. A ce titre on peut citer la convention sur les armes classiques et ses protocoles, la convention d'Ottawa et enfin la convention sur les armes à sous munitions.

1) La Convention sur l'interdiction ou la limitation de l'emploi de certaines armes classiques qui peuvent être considérées comme produisant des effets traumatiques excessifs ou comme frappant sans discrimination ou *« convention sur les armes classiques »*

Elle a été adoptée le 10 octobre 1980 à Genève et est entrée en vigueur le 2 décembre 1983[47]. Cette Convention n'édicte pas de dispositions relatives à l'interdiction spécifique des armes classiques. C'est plutôt les cinq protocoles qui lui sont annexés qui se chargent de remplir cet objectif. Outre le rappel

---

[47] La convention sur les armes classique et ses différents protocoles sont accessibles à partir du lien suivant : http://www.cicr.org/dih

dans son préambule de l'interdiction d'employer des méthodes et moyens de guerre qui sont conçus pour causer, ou dont on peut s'attendre qu'ils causeront des dommages étendus, durables et graves sur l'environnement naturel, la convention sur les armes classiques délimite en son article premier son champ d'application qui est le même que celui des protocoles qui y sont annexés. L'article précité dispose que : « *La présente convention et les protocoles y annexés s'appliquent dans les situations prévues par l'article 2 commun aux conventions de Genève du 12 aout 1949 relatives à la protection des victimes de guerre, y compris toute situation décrite au paragraphe 4 de l'article 1e^r du protocole additionnel 1 aux conventions* ». L'article 2 commun se rapporte aux conflits armés internationaux qui surgissent entre deux ou plusieurs Etats parties aux Conventions de Genève ainsi que dans les cas d'occupation de tout ou partie du territoire d'un de ces Etats, même si cette occupation ne donne pas lieu à une résistance militaire. Le paragraphe 4 de l'article 1e^r du Premier Protocole additionnel en ce qui le concerne vise les conflits armés dans lesquels les peuples luttent contre la domination coloniale, l'occupation étrangère et contre les régimes racistes dans l'exercice du droit des peuples à disposer d'eux mêmes.

Par ailleurs, lors de la deuxième conférence d'examen tenue du 11 au 21 décembre 2001, les Etats parties à la Convention sur les armes classiques ont modifié l'article 1er de ladite Convention et ont étendu son champ d'application aux conflits armés non internationaux. Cette extension est réalisée par le paragraphe 2 de l'article 1er révisé en ces termes : « *La présente Convention et les protocoles y annexés s'appliquent, outre les situations visées au paragraphe 1 du présent article, aux situations visées à l'article 3 commun aux conventions de Genève du 12 aout 1949. La présente Convention et les Protocoles y annexés ne s'appliquent pas aux situations de tensions et de troubles intérieurs, telles qu'émeutes, actes de violence isolées et sporadiques et autres actes de caractère similaire, qui ne sont pas des conflits armés* ». L'article 3 commun vise les conflits qui se déroulent à l'intérieur d'un pays comme les guerres civiles et non certaines situations de violences internes ne se traduisant pas par une opposition armée entre les forces armées du gouvernement central d'un Etat partie et un groupe armé organisé et identifiable voulant le renverser. Désormais les conflits armés internationaux et les conflits armés non internationaux rentrent entièrement dans le champ d'application de l'article 1e^r de la Convention sur les armes classiques et des protocoles qui y sont annexés.

Dans leurs relations conventionnelles au titre de la convention et ses différents protocoles, les belligérants d'un conflit armé, liés par les textes le restent entre eux. Le belligérant non lié ne le sera qu'à condition qu'il notifie au dépositaire, le Secrétaire Général des Nations Unies, sa décision de se soumettre à un Protocole donné (article 7 de la Convention sur les armes classiques).

2) Les Protocoles annexés à la Convention sur les armes classiques

Ils sont au nombre de cinq :

Le premier Protocole est adopté le 10 octobre 1980 et est relatif aux éclats non localisables. Ce Protocole interdit l'emploi de cette arme dont l'effet principal est de blesser par des éclats qui ne sont pas localisables par des rayons x dans le corps humain.

Le deuxième Protocole porte sur l'interdiction ou la limitation de l'emploi des mines, pièges et autres dispositifs, tel que modifié le 3 mai 1996. Ce Protocole stipule en son article 1.1 que son champ d'application a trait « *(…) à l'utilisation sur terre des mines, pièges et autres dispositifs définis ci-après, y compris les mines posées pour interdire l'accès de plages ou la traversée de voies navigables ou de cours d'eau, mais ne s'applique pas aux mines antinavires utilisées en mer ou dans les voies de navigation Intérieures* ». La mine est définie comme un engin placé sous ou sur le sol ou une autre surface et conçu pour exploser du fait du contact d'une personne ou d'un véhicule. Le piège est quant à lui un matériel qui est conçu pour tuer ou blesser et qui fonctionne à l'improviste. Les autres dispositifs concernent les engins conçus pour tuer, blesser ou endommager et qui sont déclenchés à la main soit par commande à distance soit de manière automatique après un certain temps. L'article 3.3 « *interdit en toutes circonstances d'employer des mines, des pièges ou d'autres dispositifs qui sont conçus pour causer des maux superflus ou des souffrances inutiles, ou sont de nature à causer de tels maux ou de telles souffrances* ». De plus, l'emploi sans discrimination des ces armes est interdit. Cela implique qu'ils ne doivent être employés que contre les objectifs militaires et non contre les populations civiles et les biens à caractères civils parmi lesquels on peut citer par exemple les biens culturels, les monuments historiques, les forêts, etc.

Les modalités d'utilisation de ces engins fait l'objet d'une stricte réglementation notamment à l'article 7 du Protocole relatif à l' « *Interdiction de l'emploi de pièges et autres dispositifs* ». Aux termes de cet article, les pièges et autres dispositifs ne doivent en aucune circonstance être associés par exemple aux animaux ou à des carcasses d'animaux, à des aliments et boissons, à des malades, des blessés ou des morts, à des objets ayant foncièrement un caractère religieux, à des monuments historiques, des œuvres d'art ou des lieux de culte qui constituent le patrimoine culturel ou spirituel des peuples.

A la fin des hostilités actives, les Etats Parties concernées ont l'obligation d'enlever ces engins explosifs et de les détruire, avec, si nécessaire l'assistance technique fournie par les autres Etats Parties par l'intermédiaire des organismes des Nations Unies ou dans un cadre bilatéral. Menée à termes, cette activité de déminage contribue à la dépollution des sols.

Sur le plan interne, les Etats ont l'obligation, aux termes de l'annexe technique du Protocole, de consigner dans des documents officiels les informations concernant la localisation des champs de mines et les spécificités techniques des engins explosifs visés par le Protocole. Outre la dépollution des sols et la préservation de l'intégrité corporelle des personnes, ces informations permettent aux activités de déminage de se dérouler dans des conditions optimales de sécurité.

Toujours du point de vue de leurs législations internes, les Etats Parties sont tenues d'adopter une loi pénale ou adapter celle qui existe de manière à rendre possible la prévention et la répression de tout préjudice (blessures, mort…) résultant de la violation du Protocole dans le cadre d'un conflit armé. Ces Etats doivent aussi intégrer les prescriptions du présent Protocole dans les programmes de formation destinés à leurs forces armées (article 14 du Protocole).

Enfin l'unique organe prévu par le présent Protocole est la Conférence des Hautes Parties contractantes qui se tient une fois par an. Son rôle consiste entre autres à examiner le fonctionnement du Protocole ainsi que l'évolution des technologies afin de protéger la population civile des effets des mines qui frappent sans discrimination.

Le troisième Protocole porte sur l'interdiction ou la limitation de l'emploi des armes incendiaires et est adopté le 10 octobre 1980 à Genève. Son article 1er définit l'arme incendiaire comme *« (…) toute arme ou munition essentiellement conçue pour mettre le feu à des objets ou pour infliger des brulures à des personnes par l'action des flammes, de la chaleur ou d'une combinaison des flammes et de la chaleur, que dégage une réaction chimique d'une substance lancée sur la cible ».* Sont exclus de la catégorie d'armes incendiaires, les munitions éclairantes, les traceuses ou les fumigènes, ou encore les projectiles perforants, les bombes explosives, etc.

En outre, le Protocole interdit d'une part de s'attaquer aux populations civiles par l'usage d'armes incendiaires, et d'autre part, il interdit de soumettre les forêts et autres couverture végétale à des attaques au moyen d'armes incendiaires. Mais dans le cas ou ces éléments naturels sont utilisés à des fins hostiles ou servent de lieu de camouflage pour les combattants, ils peuvent constituer des cibles miliaires légitimes et faire l'objet d'attaques par armes incendiaires (article 2 paragraphe 4 du Protocole III)

Le quatrième Protocole quant à lui est relatif aux armes à laser aveuglantes. Adopté le 13 octobre 1995, ce protocole interdit l'emploi des armes à laser spécialement conçues pour provoquer la cécité permanente chez les personnes dont la vision est faible. Cependant cette interdiction ne joue pas lorsque cette cécité n'est qu'un effet collatéral de l'emploi de système à laser. Toutefois, les parties contractantes doivent prendre toutes les dispositions nécessaires afin que l'emploi de cette arme évite les personnes dont la vision n'est pas améliorée.

Enfin, le cinquième Protocole est relatif aux restes explosifs de guerre adopté le 28 novembre 2003. En effet, les munitions non explosées et celles qui sont abandonnées sur le sol ou dans les zones maritimes affectent non seulement la qualité des zones contaminées mais aussi représentent un danger souvent mortel pour les êtres qui y vivent ou qui en dépendent soit directement soit indirectement. Comme cela est indiqué dans son préambule, le présent Protocole vise à *« réduire autant que faire se peut les risques inhérents aux restes explosifs de guerre et les effets de tels restes[48] »*. Pour éviter la concrétisation des risques (écologique et humain) liés aux restes explosifs de guerre, les Etats parties par le biais de ce Protocole mettent en place un certain mécanisme d'élimination des restes explosifs de guerre à l'article 3. Au titre de ce mécanisme, chaque partie après les hostilités actives est tenue d'enlever, de retirer ou de détruire des restes explosifs de guerre situés dans tout territoire se trouvant sous son contrôle. Si les territoires affectés ne sont pas sous son contrôle, l'Etat partie communique dans un cadre bilatéral ou multilatéral toutes information ou assistance indispensables pour faires des zones contaminées des endroits débarrassés de ces restes explosifs.

---

[48] Protocole relatif aux restes explosifs de guerre (Protocole V à la Convention CAC de 1980), 28 novembre 2003, est accessible à partir du lien suivant : https://www.icrc.org/dih/INTRO/610

Outre ce mécanisme, les parties au Protocole V sont tenues en vertu de l'article 4, d'enregistrer, de conserver et de communiquer les informations relatives aux restes explosifs de guerre « (…) *afin de faciliter le marquage et l'enlèvement, le retrait ou la destruction rapides des restes explosifs de guerre, la sensibilisation aux risques et la communication des renseignements utiles à la partie qui contrôle le territoire et aux populations civiles de ce territoire* ». Les parties sont également tenues, conformément à l'article 5 du Protocole de prendre toutes les précautions en vue de protéger les populations civiles et les biens de caractère civil des effets des restes explosifs. Ces précautions incluent notamment les avertissements et la clôture des zones affectées.

Malgré ce resserrement juridique, les armes à sous munitions sont utilisées dans certains conflits. Le gouvernement de Bachar Al Assad en Syrie est par exemple accusé dans le rapport 2013 de la Coalition contre les armes à sous-munitions d'utiliser ces armes dans le conflit interne qui ravage ce pays[49].

3) Convention sur l'interdiction de l'emploi, du stockage, de production et du transfert des mines antipersonnel et sur leur destruction dite « *convention d'Ottawa* »

Adoptée le 18 septembre 1997, l'article 2 de cette convention définit les mines comme des engins placés sous et sur le sol et conçus pour « *(…) exploser du fait de la présence, de la proximité ou du contact d'une personne et destinée à mettre hors de combat, blesser ou tuer une ou plusieurs personnes (…)* [50]». Cette définition écarte les mines qui explosent du fait de la présence ou du contact d'un véhicule et dotées d'un système anti manipulation ainsi que les mines qui servent à détecter et à détruire les mines antipersonnel. La convention d'Ottawa interdit absolument l'emploi des mines antipersonnel, leur mise au point, leur acquisition et leur transfert par les Etats parties. Ces derniers sont astreints de ne pas encourager la

---

[49] Le journal le Monde, accessible à partir du lien suivant : http://www.lemonde.fr/proche-orient/article/2013/09/04/le-regime-syrien-accuse-d-utiliser-des-armes-a-sous-munitions_3470877_3218.html#paiPHHfz3VSRHYlu.99

[50] Convention sur l'interdiction de l'emploi, du stockage, de la production et du transfert des mines antipersonnel et sur leur destruction, accessible à partir du lien suivant : https://www.icrc.org/dih/INTRO/580

réalisation de toute activité ayant trait à l'emploi ou à la fabrication de ces engins. Les Etats parties dotés de ces mines sont également tenus de les détruire dix ans au plus tard après l'entrée en vigueur de la présente convention à leur égard (article 5.1). Un Etat qui n'arrive pas à s'acquitter de cette obligation à l'intérieur du délai imparti peut sur la base d'une requête motivée adressée à la l'Assemblée des Etats parties ou à une Conférence d'examen solliciter un délai supplémentaire de 10 ans.

Etant donné que les activités de déminage exigent une expertise scientifique pertinente, la convention prévoit en son article 6 des mécanismes de coopération scientifiques entre les Etats parties. Ainsi, une assistance peut être fournie par le biais d'organisations internationales interétatiques ou non gouvernementales aux Etats qui ont besoin de déminer leurs territoires.

a) La mise en œuvre nationale de la convention

La convention prévoit trois types d'actions pour sa mise en œuvre effective : Premièrement la Convention prévoit en son article 9 d'importantes mesures d'application nationale portant en particulier sur l'adoption d'une législation pénale en vue de prévenir et réprimer les activités interdites par la convention (fabrication, transfert, stockage et pose des mines, etc.).

Deuxièmement, la Convention institue une obligation de reddition des comptes des Etats parties. Ceux-ci doivent élaborer un rapport à l'attention du Secrétariat Général des Nations Unies au plus tard, 180 jours après l'entrée en vigueur de la convention à leur égard. Ce rapport qui doit être mis à jour chaque mois d'avril doit comporter les mesures prises au plan national pour lutter contre les mines antipersonnel, le nombre de mines à la disposition de chaque Etat, la localisation des zones minées, l'état des programmes de destruction de ces engins, etc. (article 7).

Troisièmement enfin, la Convention institue en son article 8 une procédure dédiée aux demandes d'éclaircissements au sujet du respect de la Convention par un Etat partie soupçonné de violer ses dispositions. Un ou plusieurs Etats parties peuvent demander à un autre Etat partie des éclaircissements dans ce cadre. Les demandes ne doivent pas être abusives et la partie sollicitée doit fournir par le truchement du Secrétaire Général des Nations Unies aux demandeurs des réponses dans un délai de 28 jours. Si l'Etat sollicité garde le silence ou donne une réponse insuffisante, l'Etat demandeur peut saisir la prochaine Assemblée des parties de la question, et Celle-ci peut décider de l'envoi d'une mission composée d'experts dans l'Etat sollicité. Mais ce dernier doit toutefois autoriser l'arrivée sur son territoire de ces experts qui n'excéderont pas deux semaines. Les conclusions de cette mission seront adressées via le Secrétaire Général des Nations Unies à l'Assemblée des Etats parties ou à l'Assemblée extraordinaire des parties contractantes. Après obtention des informations pertinentes, ces deux instances peuvent demander à l'Etat sollicité de prendre les mesures qui s'imposent pour corriger les défaillances constatées à l'intérieur d'un délai déterminé.

b) Les organes conventionnels

La Convention prévoit l'existence de deux organes qui sont l'Assemblée des Etats parties et la conférence d'examen. Aux termes de l'article 11 de la Convention, l'Assemblée des Etats parties est compétente pour discuter de toutes les questions concernant la mise en œuvre de la Convention (mise au point de la technologie de déminage, les demandes d'éclaircissements, le fonctionnement de la convention, etc.). Certaines organisations internationales à caractère intergouvernemental et non gouvernemental (ONU, CICR, etc.) peuvent participer aux assemblées des Etats parties.

Il est prévu à l'article 12 de la Convention que la première conférence d'examen devrait être convoquée dans un délai ne dépassant pas cinq ans. Au cours de ces conférences, les Etats parties examinent notamment l'état de la Convention et prennent les décisions concernant la destruction des mines antipersonnel.

4) Convention sur les armes à sous munitions

Le refus des principaux producteurs d'armes à sous munitions de conclure un accord spécifique sur ces armes dans le cadre de la Convention sur certaines armes classiques a en effet conduit une quarantaine de pays à se réunir en février 2007 à Oslo sur invitation de la Norvège. C'est ainsi que fut lancé le « Processus d'Oslo » fortement appuyé par certaines organisations humanitaires internationales, parmi lesquelles on peut citer Handicap International et le CICR [51]. Ce processus débouchera en 2008 sur la conclusion de la Convention sur les armes à sous munitions. Adoptée à Dublin le 30 mai 2008, la Convention sur ces armes imprécises et non fiables fut ouverte à la signature le 3 décembre 2008 de la même année à Oslo

---

[51] *«La Convention sur les armes à sous-munitions est née »*, Cédric Poitevin, 5 juin 2008. http://www.grip.org/bdg/pdf/g0920.pdf

(Norvège) et est entrée en vigueur le 1er août 2010[52]. Signée désormais par environ 96 pays, la Convention interdit l'emploi, la production, le transfert et le stockage des armes à sous-munitions. Elle prévoit également une assistance aux victimes et aux communautés touchées par ses armes, l'élimination des engins non explosés et la destruction de l'ensemble des stocks d'armes à sous-munitions.

Toutefois, cet accord international souffre de quelques faiblesses. Les plus gros producteurs des armes à sous munition (les États-Unis, la Fédération de Russie, la Chine, etc.) n'en sont pas signataires. Les Etats Unis justifient leur absence par le fait qu'ils font usage des sous munitions dites « *intelligentes* » dotées de mécanismes de ciblages par capteurs infrarouge utilisés par leur armée par exemple en Irak[53].

a) Les principales articulations de la Convention

a-1) Définition des armes à sous-munitions et obligations des Etats Parties

Aux termes de l'article 2.2 de la Convention sur les armes à sous-munitions, « *Le terme arme à sous-munitions désigne une munition classique conçue pour disperser ou libérer des sous-munitions explosives dont chacune pèse moins de 20 kilogrammes, et comprend ces sous-munitions explosives (…)* ». La qualification d'armes à sous-munitions n'est pas retenue en revanche dans le cas des munitions ou sous-munitions conçues notamment pour lancer des artifices éclairants, des fumigènes, des artifices pyrotechniques ou des leurres, ou une munition conçue exclusivement à des fins de défense anti-aérienne ainsi que les sous-munitions explosives équipées d'un dispositif électronique d'auto désactivation.

Au titre de cet instrument, les Etats parties ont en tout premier lieu l'obligation d'interdire, d'employer, de mettre au point au point, de stocker, de transférer et d'acquérir les armes à sous munitions (article 1er). Ils sont aussi obligés de

---

[52] Convention sur les armes à sous-munitions, accessible à partir du lien suivant : https://www.icrc.org/dih/INTRO/620?OpenDocument

[53] France, projet de loi autorisant la ratification de la convention sur les armes à sous-munitions, accessible à partir du lien suivant : http://www.senat.fr/rap/l08-615/l08-6154.html

détruire ces armes au plus tard huit ans après l'entrée en vigueur de la Convention pour l'État partie concerné selon les méthodes qui sont respectueuses des normes internationales applicables pour la protection de la santé publique et de l'environnement (article 3). L'obligation de détruire ce type d'armes dans le délai de huit ans peut être prorogée de quatre années si l'Etat partie présente à l'Assemblée des États parties ou à la Conférence d'examen une demande de prolongation. Un nouveau délai de quatre années peut être également demandé mais le cumul de délais supplémentaires ne peut en aucun cas dépasser huit années (article 3). Toutefois, les demandes de prorogation doivent être sérieusement motivées et c'est au regard des justifications apportées par l'Etat demandeur que l'Assemblée des États parties ou la Conférence d'examen peut accorder ou refuser la prorogation.

En second lieu, les obligations des Etats parties ont trait à la dépollution, à la destruction des restes d'armes à sous-munitions, à l'éducation et à la réduction des risques. Cette dépollution concerne l'enlèvement en vue de leur destruction des armes à sous munitions se trouvant sous la juridiction de l'Etat partie dans un délai de dix ans. Cet Etat doit aussi sensibiliser les civils se trouvant à l'intérieur ou autour des zones contaminées par les armes à sous-munitions (article 4).

En troisième lieu enfin, les Etats parties ont l'obligation d'apporter une assistance médicale, sociale et économique adéquates aux victimes de ces engins explosifs se trouvant sous leur contrôle et de rendre compte au plus tard 180 jours après l'entrée en vigueur de la Convention à leur égard, par le biais d'un rapport adressé au Secrétaire Général des Nations Unies. Ce rapport doit notamment contenir les mesures prises au plan national (législatives, réglementaires et autres qui sont appropriées) pour mettre en œuvre la Convention (articles 5 et 7).

a-2) Les organes de la Convention.

Pour son administration, la Convention prévoit l'existence de deux organes : l'Assemblée des Etats parties et la Conférence d'examen. Le premier organe se réunit pour examiner toute question concernant l'application ou la mise en œuvre de la Convention et, si nécessaire, prendre des décisions qui s'imposent. Le second organe quant à lui doit examiner le fonctionnement de la Convention et prendre des décisions concernant la demande de prorogation du délai de destruction des armes à sous munitions présentée par un état partie (article 12).

Enfin, la Convention prévoit des possibilités d'amendements mais aussi de participation, en leur qualité d'observateurs, des Etats non parties et des organisations internationales humanitaires, aux conférences dédiées à ces amendements (article 13). Les différends entre les parties résultant par exemple de l'interprétation des dispositions de la Convention sont réglés soit par voie de négociations diplomatiques, soit devant l'Assemblée des Etats parties ou la Cour internationale de justice (article 10).

CHAPITRE II : REGLEMENTATION DES METHODES DE GUERRE

Les méthodes incriminées sont celles qui manipulent la nature pour une finalité hostile, celles qui ne distinguent pas les objectifs militaires des biens à caractère civil (biens culturel, forêt, cours d'eau, etc.) et celles qui pour atteindre un objectif militaire provoquent des dommages incidents excessifs à l'environnement. Ces méthodes sont toutefois interdites par divers instruments internationaux.

Section 1 : Les méthodes incriminées

Elles sont au nombre de trois.

A) Les manipulations intentionnelles de l'environnement dans un but militaire

Les progrès de la science et de la technologie donnent aux hommes le pouvoir de manipuler les processus naturels dans un but militaire. On pense généralement que les premières techniques de modification du climat ont été expérimentées en 1949 aux USA avec le projet CIRRUS de l'US. Army Signal Corps. Vu la pénurie d'eau à laquelle faisait face la ville de New York, les responsables de cette ville firent appel aux experts du Projet CIRRUS. Ceux-ci ont alors provoqué des précipitations par encensement des nuages. Expérimentées d'abord dans le domaine civil, ces techniques de modifications seront ensuite étendues au domaine militaire. Dans la guerre de Vietnam, les USA lancèrent le Project POPEYE qui visait à ralentir les mouvements de l'ennemi par la prolongation de la saison des moussons qui provoquait l'inondation des pistes utilisées par les troupes de Ho Chi MINTH.

En effet selon la thèse défendue par Barry B. COBLE en 1996 à la faculty of School of Advenced Airpower Studies, il existe cinq méthodes ou techniques destinées *« (…) à supprimer, susciter ou amplifier un phénomène météorologique, afin de permettre une mission que les conditions météorologiques naturelles n'auraient autrement pas autorisée, d'améliorer les conditions de cette mission, ou d'interdire une opération ennemie (…) ». Ces méthodes consistent « (…) 1. A modifier la quantité d'énergie solaire disponible par l'introduction de matériaux destinés à absorber ou réfléchir le rayonnement solaire ; 2. Echauffer l'atmosphère par des moyens artificiels* depuis la surface terrestre ; 3. Modifier le mouvement des masses d'air par des moyens artificiels ; 4. Influencer l'humidité en augmentant ou en retardant l'évaporation ; 5. Modifier les processus de formation des nuages et provoquer les précipitations en utilisant des agents chimiques ou en apportant un excès d'eau dans les nuages [54]»

De nos jours l'attention est particulièrement portée sur le programme HAARP (High-frequency Active Aural Research Program). Il s'agit d'un projet de recherche de grande envergure basé à Gokoma, en Alaska aux USA et intégré dans l'Initiative de défense stratégique (IDS) qui est conjointement dirigée par l'aviation et la marine américaines. Présenté au grand public comme un programme de recherche scientifique et universitaire, ce programme se défini par un système de puissantes antennes capable de créer des modifications locales contrôlées de l'ionosphère. HAARP est également soupçonné d'être opérationnel, donc en mesure de provoquer par exemple les inondations, les séismes et la sécheresse sans oublier la déstabilisation sélective de l'agriculture et de l'écosystème du territoire ennemi[55].

Les retombées militaires des capacités de modification de l'environnement dans le cadre du programme HAARP a soulevé les inquiétudes du parlement européen. Après avoir tenu des audiences publiques au sujet de ce programme, la commission des affaires étrangères, de la sécurité et de la politique de défense du parlement a adopté et présenté au parlement une «motion de résolution» qui « estime qu'en vertu de sa portée considérable sur l'environnement le programme HAARP constitue un objet d'inquiétude et elle demande qu'un organisme international indépendant en étudie les conséquences juridiques, écologiques et éthiques...; (la Commission) regrette que l'administration des États-Unis ait refusé à maintes

---

[54]« Le programme HAARP : Science ou désastre ? », Luc Mampaey (novembre 1998). Extrait du Rapport GRIP 98/5 accessible à partir du lien suivant : http://archive2.grip.org/bdg/pdf/g1688.pdf,

[55] « La manipulation climatique et les armes de destruction massive : les armes du nouvel ordre mondial de Washington ». Etude disponible sur le site du Centre de recherches sur la mondialisation à l'adresse suivante :
http://www.mondialisation.ca/index.php?context=va&aid=1344

reprises, lors des audiences publiques, de témoigner au sujet des risques du programme HAARP pour l'environnement et la société [56]».

B) Les attaques qui ne distinguent pas les objectifs militaires des objectifs civils

Etant un objectif civil, les ressources de l'environnement ne doivent pas faire l'objet d'une attaque militaire. Or force est de constater que certaines méthodes de guerre s'attaquent à des installations qui libèreront des substances polluantes ou aux biens culturels qui représentent la mémoire collective d'un peuple ou de l'humanité toute entière.

Ce type d'opération est par exemple illustré par l'attaque délibérée des 732 puits de pétrole appartenant au Koweït en 1991. C'est le 2 août 1990, que l'Irak alors dirigé par le Président Saddam Hussein envahit le Koweït qu'il considère comme la 19ème province de son pays. Forcées par une coalition internationale composée entre autres des USA, du Royaume Uni, de l'Egypte et de la France, de libérer le Koweït, les troupes irakiennes quitteront cette petite monarchie en 1991 tout en mettant le feu à leurs puits de pétrole. Ces incendies ont été à l'origine d'une importante marée noire, qui selon les archives de la FAO, a « *(...) dévasté des centaines de km de rivages et a provoqué des destructions indicibles sur la vie marine dans le Golfe Persique. Ces impacts ont été aggravés par les caractéristiques naturelles du Golfe Persique. Non seulement ce Golfe est étroitis,il faut environ 3 ans à son courant pour se renouveler. Le littoral comprend de nombreux marais salants, des lagunes, des étangs intermittents, des récifs coralliens, des champs d'algues et certaines forêts côtières de mangroves. Les premières estimations de la quantité de pétrole déversée, d'abord à partir du terminal de l'île de la Mer, variaient beaucoup. Vers le milieu de 1991, on estimait qu'il y avait environ 950000 m3 déversés: c'était 20 fois plus que le déversement de pétrole en 1989 de l'Exxon Valdez en Alaska. En juin 1991, les officiels saoudiens ont rapporté que le terminal et les pétroliers coulés perdaient toujours environ 400 m3 de pétrole par jour, mais on estimait qu'en août les fuites étaient de 75 t.m. par jour [57]»*

---

[56] Parlement européen, Commission des affaires étrangères, de la sécurité et de la politique de défense, Bruxelles, doc. no A4-0005/99, 14 janvier 1999.
[57] Document de la FAO disponible à l'adresse suivante :
http://www.fao.org/docrep/X5643F/x5643f07.htm

La destruction délibérée en Afghanistan dans la vallée de Bamiyan des plus grands bouddhas du monde par les Talibans arrivés au pouvoir à Kaboul en 1996 est une autre méthode de guerre dirigée contre la mémoire de tout un peuple. Le décret du 26 février 2001 qui ordonnait la destruction de ce patrimoine préislamique de l'Afghanistan stipulait ceci : « *Ces statues ont été utilisées auparavant comme des idoles et des divinités par les incroyants qui leur rendaient un culte. Aujourd'hui, ces statues sont respectées et peuvent redevenir des idoles dans l'avenir alors que seul Dieu, le tout puissant, doit être vénéré et toutes les fausses divinités doivent être annihilées. En conséquence, l'Emirat islamique d'Afghanistan a chargé le ministère pour la promotion de la vertu et de la lutte contre le vice et le ministère de l'information et de la culture d'appliquer la décision des religieux et de la Cour suprême, et de détruire toutes les statues, de façon à ce qu'à l'avenir personne ne leur rende de culte ni ne les respecte*[58] ».

Pour sa part, Matsuura Koichiro, Directeur Général de l'UNESCO estime que « *en ordonnant au nom de sa foi, la destruction de chefs-d'œuvre du patrimoine Afghan, le mollah Omar prétend en savoir davantage que toutes les générations de musulmans qui se sont succédés au cours des quinze derniers siècles. Davantage, que tous ces conquérants et dirigeants musulmans qui ont épargné Carthage, Abou-Simbel ou Taxila. Et davantage que le prophète Mahomet lui-même, qui, à la Mecque, a choisi de respecter l'architecture de la Kaaba (…)* [59] »

L'occupation de l'Irak par les USA et certains pays de la coalition offre l'exemple d'un autre conflit armé ou le riche patrimoine culturel irakien a connu d'importants dommages. Dans son article intitulé « *Appel d'urgence contre les pillages en Irak* », Radio France Radio Internationale explique que le « *Pillage spectaculaire du Musée archéologique de Bagdad, riche de 150 000 œuvres représentatives de 7 000 ans d'histoire s'est déroulé sans que les forces de la coalition américano-britannique n'interviennent. Le sac des*

---

[58] Décret est publié sur le site de aidh à l'adresse suivante : http://www.aidh.org/Racisme/Bouddha/fen_decret.htm

[59] « *Les crimes contre la culture ne doivent pas rester impunis* ». Extrait de l'article publié dans le journal le Monde le 16 mars 2001 par le directeur général de l'Unesco, disponible sur le site de l'UNESCO à l'adresse suivante : http://www.unesco.org/opi2/afghan-crisis

archives et de la bibliothèque nationales a suivi et les musées de Mossoul et de Tikrit ont subi le même sort sans plus de réaction des militaires pour les protéger[60] »

Le désordre provoqué par cette guerre a favorisé aussi les incendies qui ont ravagé les services d'archives et quelques bibliothèques en Irak, ce qui constitue de toute évidence une attaque de la mémoire de peuple irakien. Ces archives contiennent selon le Conseil International des Archives (CIA), *« les documents indispensables à l'affirmation des droits individuels des irakiens parce qu'ils constituent les preuves de leur identité personnelle, de leur lieu de naissance, de leur identité ethnique et de leurs droits de propriété. Ces documents sont d'une importance vitale car ils constituent les preuves qui documentent les violations des droits de l'homme dans les régimes répressifs ; ils doivent être protégés parce qu'ils sont fondamentaux pour la future réconciliation. Les personnes déplacées en Irak, l'administration intérimaire et le gouvernement à venir auront besoin de ces documents[61] ».*

Bien avant ce drame irakien, l'Allemagne nazie a au cours de la deuxième guerre mondiale mis en œuvre contre le peuple juif une méthode de guerre considérée par le Rapport de la Commission de la culture et de l'éducation de l'Assemblée parlementaire du Conseil de l'Europe en date du 2 novembre 1999 sur les *«Biens culturels de juifs spoliés »* comme une attaque délibérée contre l'identité culturelle des juifs. Ce Rapport distingue différentes catégories d'œuvre qui ont fait l'objet de spoliation par les nazis. A ce titre il indique que *« la première est celle des œuvres dites « dégénérées » réalisées pour la plupart par des artistes juifs qui furent retirées des musées puis exhibées en 1937 dans une exposition itinérante à caractère nettement antisémite intitulée «l'art dégénéré». Personne ne sait ce qu'elles sont devenues. Un catalogue de 17 000 œuvres a été publié à Londres en 1997. La deuxième catégorie est celle des œuvres saisies chez des collectionneurs juifs (les Nazis s'appropriaient les plus belles pièces, qui n'étaient pas nécessairement signées par des artistes juifs) afin de constituer la collection du futur musée du Führer à Linz. Les confiscations furent effectuées par des unités spéciales telles que les tristement célèbres services de confiscation*

---

[60] Texte disponible sur le site web de RFI : http://www.rfi.fr/actufr/articles/040/article_21259.asp
[61] *« Appel du CIA à la protection des archives en Irak »* à l'adresse suivante : http://www.ica.org/fr/node/304

des biens juifs «Einsatzstab Reichsleiter Rosenberg» ou ERR. Les principaux critères de choix étaient censés être la qualité de l'œuvre et l'illustration de la supériorité allemande. La plupart de ces chefs-d'œuvre ont été retrouvés par les unités spéciales de l'armée américaine à la fin de la deuxième guerre mondiale. Ajoutons que certains dignitaires nazis faisaient appel à des agents privés pour se constituer leur propre collection.. D'autres biens culturels juifs confisqués sont devenus propriété de l'Etat, comme en Autriche ou en France (le Louvre ayant sélectionné la collection Schloss). Certaines œuvres et galeries d'art ont été vendues aux enchères et pour une bouchée de pain à des acquéreurs privés. Les Nazis se sont par ailleurs abondamment approprié des biens appartenant à des organisations religieuses, synagogues et bibliothèques notamment. Ils ont bien sûr pillé quantité d'autres choses. Mais ce qui nous intéresse ici, c'est qu'ils s'en sont pris délibérément à l'identité collective et individuelle des Juifs. L'ampleur des prédations est difficile à évaluer. On estime que 60 000 œuvres d'art ont été rendues à la France à la fin de la guerre(...)[62]».

C) Les attaques qui causent des dommages excessifs à l'environnement

En guerre contre le Vietnam, l'armée américaine a déversé à travers l'opération *Ranch Hand* une quantité énorme de produits toxiques (défoliants) sur ce pays, ce qui n'était pas sans conséquences majeures sur son environnement et la santé de ceux qui y vivent. Pour développer ces herbicides le gouvernement américain fit appel à l'expertise des compagnies privées : *Dow Chimical, Monsanto*, etc.

C'est le 11 mai 1961 que le Président des Etats-Unis, Kennedy, prit au sein du Conseil National de Sécurité la décision d'utiliser les herbicides et défoliants pour contrôler les routes et les voies de navigation le long des frontières du Sud Viet Nam[63]. Entre 1961 et 1971, on estime environ à 77 millions de litres, la quantité de défoliants déversés et près de 400 kg, la quantité de dioxine déversée. La superficie touchée par ces produits est de 2,6 millions d'hectares et cela représente 10 % de la superficie du Vietnam du Sud et 50 % des forêts de mangrove. La décision de l'armée américaine

---

[62]Gazette Assemblée parlementaire. Novembre 1999, n°VII/99

[63] « Training circular no 3-16. Employment of riot control agents flame, smoke, antiplant agents, and personnel detectors in counterguerilla operations ». Décision de l'armée américaine, Washington DC, avril 1969.

d'utiliser les défoliants qualifiés d' « *agents oranges* » se justifiait par la volonté de raser le couvert végétal de l'adversaire en vue de l'empêcher de s'y cacher et de répandre la famine en leur sein par la destruction des récoltes. Outre les conséquences directes de l'usage des défoliants (dévastation des forêts et mangroves), il existe de nombreux autres effets environnementaux et sanitaires[64].

a) Effets environnementaux

La contamination des sols par la dioxine a rendu, des décennies après, les activités agricoles impossibles dans de nombreuses régions. Ces régions connaissent depuis lors l'apparition de l'« *herbe américaine* » à cause de leurs végétations très pauvres. Plus de 50% du territoire Sud Vietnamien était couvert de forêt avant la guerre avec les Etats-Unis : 5.800.000 hectares (ha) de forêts à feuillage persistant, 500.000 ha de mangroves, 100.000 ha d'hévéas et 3.000.000 d'hectares de terrains fermiers. On retrouvait au sein de ce couvert végétal plus de 1.000 sortes différentes d'arbres, appartenant à 96 familles. Après la guerre, les dégâts furent énormes : 17,8% de la surface totale forestière selon L'Institut d'Inventaire et de Planning Forestier Vietnamien furent vaporisés, soit 3.104.000 ha, dont 95% de forêts de l'intérieur et 5% de mangroves (forêts d'eau de mer). Cela représentait 82.830.000 (m) de bois. Certains autres dommages à l'environnement plus persistants ont mis du temps avant d'apparaître. Il s'agit de la grave perturbation de l'équilibre écologique caractérisée notamment par la disparition des animaux d'une valeur fondamentale pour la vie sauvage. On peut entre autres citer les buffles d'eau, les vaches, les cochons, les poulets et les canards.

b) Effets sanitaires

De nombreuses anomalies constatées auprès des combattants et des familles vivant dans le sud du Vietnam ont été liées à l'usage des produits toxiques comme la dioxine qui est de loin le plus toxique de tous les produits chimiques synthétisés par l'homme. Il s'agit par exemple de cas d'avortements spontanés et de naissances prématurées (2 à 3 fois plus dans le Sud), des morts fœtales (60 fois plus) et de grossesses molaires (7 à 38 fois plus au Sud). Cette déréglementation des processus de reproduction a

---

[64] « *Vietnam, les enfants de la dioxine* », d'après le texte original du Professeur LE CAO DAI, M.D, de la Croix Rouge vietnamienne, accessible à partir du lien suivant :
http://vned.free.fr/histoire.php?chap=5

été corroborée plus tard dans les années « 90 » par des recherches aux Etats-Unis qui découvrirent de la dioxine dans le sperme et les cellules germinales d'anciens combattants américains au Sud Viet Nam.

L'apparition de certaines autres anomalies organiques ont été liés aux mêmes produits toxiques. Des cas d'anencéphalie (absence de cerveau), de microcéphalie (petit cerveau), ou d'hydrocéphalie, déformations de la colonne vertébrale (y compris spina bifida) et perte du globe oculaire et des problèmes neurologiques (troubles de mémoire, retard mental, idiotie ou sensoriels) ont été constatés. D'autres problèmes sanitaires comme l'affaiblissement du système immunitaire, des cas de désordres endocriniens et métaboliques et des cas de cancers sont également mis en relation avec les produits toxiques américains. Les vietnamiens n'étaient pas les seuls concernés par les conséquences de l'utilisation de l'agent orange. Les combattants américains dans la guerre de Vietnam se sont plaints à leur retour aux Etats-Unis, malgré les dénégations de leur gouvernement, des effets de ce produit sur leur santé. En 1979, les vétérans victimes engagèrent des procédures judiciaires contre le gouvernement américain pour être dédommagés des effets des maladies liées à l'agent orange. Mais ces plaintes se sont heurtées à une loi américaine en vertu de laquelle, les anciens combattants ne peuvent pas poursuivre au tribunal le gouvernement américain pour des événements survenus pendant une guerre. C'est finalement vers les entreprises qui ont livré les produits chimiques au gouvernement que les plaintes furent redirigées. Celles-ci pour taire toutes contestations acceptèrent de payer aux victimes la somme de 180 millions de dollars dans le cadre d'un règlement à l'amiable le 7 mai 1984 devant la cour fédérale de Brooklin, New York.

Section 2 : Le cadre réglementaire

L'impact de certaines méthodes de guerre sur l'environnement étant avéré, la communauté internationale n'est pas restée silencieuse face à la dégradation de l'environnement par les conflits armés. Elle s'est engagée à élaborer des accords internationaux qui visent à interdire les méthodes de guerre qui affectent l'environnement naturel. Les instruments internationaux adoptés dans ce cadre offrent un cadre global de règlementation des méthodes de guerre ainsi qu'un cadre spécifique de règlementation.

A) Cadre global de la règlementation

Ce cadre trouve son fondement dans la quatrième convention de Genève du 12 août 1949 et de son Protocole additionnel I de 1977. Ainsi au cours d'une guerre d'occupation, ces conventions prohibent en tout premier lieu l'utilisation des méthodes qui visent la destruction des biens culturels situés en territoire occupé sans nécessité militaire impérieuse. L'article 53 de la quatrième Convention de Genève dispose à ce titre qu'« *Il est interdit à la Puissance occupante de détruire des biens mobiliers ou immobiliers, appartenant individuellement ou collectivement à des personnes privées, à l'Etat ou à des collectivités publiques, à des organisations sociales ou coopératives, sauf dans les cas où ces destructions seraient rendues absolument nécessaires par les opérations militaires* ».

En second lieu, le Protocole additionnel I de 1997 contient d'importantes dispositions qui visent à protéger l'environnement par le biais de l'interdiction de certaines méthodes de guerre. En effet l'article 35 alinéa 3 du Protocole précité « *(...) interdit d'utiliser des méthodes ou moyens de guerre qui sont conçus pour causer, ou dont on peut attendre qu'ils causeront, des dommages étendus, durables et graves à l'environnement naturel* ». Outre l'interdiction des représailles contre le milieu naturel, l'article 55 qui porte sur la protection de l'environnement naturel rappelle que « *La guerre sera conduite en veillant à protéger l'environnement naturel contre des dommages étendus, durables et graves. Cette protection inclut l'interdiction d'utiliser des méthodes ou moyens de guerre conçus pour causer ou dont on peut attendre qu'ils causent de tels dommages à l'environnement naturel, compromettant, de ce fait, la santé ou la survie de la population* ». Aussi, il est interdit de s'attaquer aux ouvrages d'art et aux installations qui contiennent les forces dangereuses (barrages, digues, centrales nucléaires de production d'énergie électrique, etc.) aussi longtemps qu'ils ne seront pas utilisés dans un but militaire (article56).

Au cours d'une attaque, l'article 57 stipule que le commandement militaire est tenu de prendre toutes les mesures de précautions nécessaires en vue d'épargner notamment les objectifs de caractère civils (forêts, maisons de cultes, cours d'eau, etc.). Les mesures de précaution exigées impliquent à ce que le commandement militaire distingue les objectifs civils des objectifs militaires, et qu'il s'assure avant d'ordonner toute attaque que les cibles sont bien militaires. De plus la méthode d'attaque choisie doit éviter ou réduire au minimum les dommages incidents susceptibles d'affecter l'environnement. Ainsi, le commandement militaire doit renoncer à une attaque dès lors qu'il apparait que celle-ci causera notamment sur le plan écologique un sérieux dommage incident sans commune mesure avec l'objectif recherché. En ce qui concerne l'article 52, il déclare qu' « *en cas de doute, un bien qui est normalement affecté à un usage civil, tel qu'un lieu de culte, une maison, un autre type d'habitation ou une école, est présumé ne pas être utilisé en vue d'apporter une contribution effective à l'action militaire* ». Par conséquent, ce bien ne devrait pas être attaqué par mesure de précaution.

B) Cadre spécifique de la règlementation

Ce cadre trouve sa base dans un certain nombre de conventions internationales spécialement destinées à prohiber certaines méthodes de guerre. Il s'agit notamment de la Convention sur l'interdiction d'utiliser des techniques de modification de l'environnement à des fins militaires ou toutes autres fins hostiles ou la convention « ENMOD » et de la Convention sur la protection des biens culturels en période de conflit armé et ses deux protocoles.

1) Convention sur l'interdiction d'utiliser des techniques de modification de l'environnement à des fins militaires ou toutes autres fins hostiles ou la convention ENMOD

Cette Convention fut adoptée le 10 décembre 1976 dans le cadre de l'Assemblée Générale des Nations Unies et ouverte à la signature le 18 mai 1977 avant d'entrer en vigueur le 5 octobre 1978[65]. Elle comporte dix articles et une annexe relative au Comité consultatif d'experts. Dans son préambule, la Convention prend résolument position contre l'utilisation des techniques de modification de l'environnement à des fins militaires ou toutes autres fins hostiles.et se réfèrent à la Déclaration de la Conférence des Nations Unies sur l'environnement adoptée le 16 juin 1972 à Stockholm ainsi que sur les progrès enregistrés par la science pour mettre en garde contre les techniques de modification de l'environnement à des fins militaires.

---

[65] La Convention ENMOD, accessible à partir du lien suivant :
http://www.icrc.org/dih.nsf/INTRO/460

Dans cette perspective, la Convention ENMOD interdit en son article 1.1 à chaque Etat partie l'utilisation *« (…) à des fins militaires ou toutes autres fins hostiles des techniques de modification de l'environnement ayant des effets étendus, durables ou graves, en tant que moyens de causer des destructions, des dommages ou des préjudices à tout autre Etat partie (…) »*. Cette interdiction s'étend aux activités des Etats parties qui consistent à encourager ou inciter tout autre Etat, groupe d'Etats ou organisation internationale à mener de telles activités (article 1.2)

Aux termes des Accords interprétatifs de certaines dispositions de la présente Convention, les termes *« étendus »* concernent les effets qui s'étendent à une superficie de plusieurs centaines de kilomètres carrés, le terme *« durable »* fait référence à une période de plusieurs mois ou environ une saison et le terme *« grave »* concerne ce qui affecte sérieusement la vie humaine ou les ressources naturelles[66]. Pour la mise en œuvre effective de cette interdiction, les Etats parties sont tenus au plan interne d'élaborer une législation qui réprime toute activité de modification de l'environnement pour un but militaire (article 4).

Toutefois les techniques de modification délibérée de l'environnement effectuées dans un cadre purement pacifique ne sont pas interdites par la Convention, qui encourage d'ailleurs les Etats parties à réaliser divers programmes d'échanges d'informations scientifiques sur ces techniques dans un cadre bilatéral ou multilatéral tout en mettant un accent particulier sur les besoins spécifiques des pays en développement qui pourraient tirer un avantage certain de tels programmes (article 2)

En cas de violation de ses dispositions, la Convention prévoit un mécanisme du dépôt de plaintes devant le Conseil de Sécurité des Nations Unies par la partie qui a des raisons de croire qu'une autre partie a violé ses obligations. Cette plainte doit se fonder sur un ensemble de preuves pertinentes. Le Conseil de Sécurité peut dès lors effectuer des enquêtes pour confirmer et/ou infirmer les allégations de violation de la Convention et porter le résultat de ses enquêtes à l'attention des Etats parties. En ce qui concerne les difficultés

---

[66] Bien que non intégrés dans le texte même de la Convention, ces accords interprétatifs qui ont été transmis à l'Assemblée Générale des Nations Unies par la Conférence du Comité du désarmement reflètent le consensus dégagé au sein des Etats parties autour de l'interprétation à donner à certaines clauses conventionnelles.

susceptibles de surgir notamment de l'application des dispositions de la convention, les Etats parties peuvent se consulter mutuellement ou dans le cadre de toute organisation internationale appropriée, y compris l'Organisation des Nations Unies. Ces consultations peuvent également être menées au sein d'un Comité consultatif d'experts dont l'existence est prévue par l'Annexe intégrée à la Convention. Quand un problème relevant de sa compétence est soulevé, ce Comité peut effectuer toutes les constations de fait appropriées et donner son avis.

Toutefois la Convention ENMOD présente quelques faiblesses susceptibles d'affecter sa mise en œuvre effective. En premier lieu, la procédure de plainte qu'elle prévoit devant le Conseil de Sécurité aura du mal à prospérer dès lors que cette plainte est dirigée contre un Etat qui est membre permanent de ce Conseil. Doté d'un droit de veto, cet Etat a toutes les possibilités d'empêcher le déroulement de l'enquête sollicitée par la plainte. Insuffisamment contraignante en second lieu, la Convention ENMOD ne définit pas explicitement les notions de « *dommages étendus, durables et graves* ». Les définitions auxquelles renvoient les Accords interprétatifs aussi utiles soient elles, ne comblent pas cette lacune, qui du reste, peut être à l'origine de sérieuses difficultés entre les parties prenantes lorsqu'il sera question de qualifier les dommages provoqués par les techniques de modification de l'environnement dan un but militaire.

2) Convention sur la protection des biens culturels en période de conflits armés

a) Cadre historique

Avant l'adoption des instruments juridiques internationaux plus avancés après la fin de la deuxième guerre mondiale, les biens culturels faisaient déjà l'objet d'une protection internationale par le biais de quelques accords internationaux. En particulier on peut citer la Convention de la Haye du 18 octobre 1907 (IV)[67] concernant les lois et coutumes de la guerre sur terre et son Annexe qui porte sur le Règlement concernant les lois et coutumes de la guerre sur terre, et le Traité concernant la protection des institutions

---

[67] Texte de la Convention de la Haye du 18 octobre 1907, accessible à l'adresse suivante : https://www.icrc.org/dih/INTRO/195

artistiques et scientifiques et des monuments historiques, (Pacte Roerich) signé à Washington le 15 avril 1935[68].

Dans le but de protéger les biens culturels au cours d'un conflit armé, ces deux accords internationaux imposent à leurs Etats parties trois obligations quasiment similaires : celles qui consistent à prendre des précautions nécessaires avant le lancement de toute attaque dans le but de protéger les biens culturels, celles qui visent à retirer une finalité militaire aux biens culturels pour ne pas en faire des objectifs militaires attaquables et celles enfin qui consistent à distinguer les biens culturels par un signe visible afin de l'épargner de toute attaque.

En effet l'article 27 de la Convention de 1907 indique que « *Dans les sièges et bombardements, toutes les mesures nécessaires doivent être prises pour épargner, autant que possible, les édifices consacrés aux cultes, aux arts, aux sciences et à la bienfaisance, les monuments historiques, les hôpitaux et les lieux de rassemblement de malades et de blessés, à condition qu'ils ne soient pas employés en même temps à un but militaire. Le devoir des assiégés est de désigner ces édifices ou lieux de rassemblement par des signes visibles spéciaux qui seront notifiés d'avance à l'assiégeant* ».

En ce qui concerne le Pacte Pacte Roerich, son article 1er prévoit que « *Les monuments historiques, les musées, les institutions dédiées aux sciences, aux arts, à l'éducation, et à la culture seront considérés comme neutres, et comme tels seront respectés et protégés par les belligérants. Le même respect et la même protection seront dus au personnel des institutions mentionnées ci-dessus. Les mêmes respect et protection seront accordés aux monuments historiques, musées, institutions scientifiques, artistiques, d'éducation et de culture en temps de paix aussi bien qu'en temps de guerre* ». Quant à l'article 3 du Pacte, il détermine le signe distinctif qui doit assurer la protection des biens culturels tels que définis à l'article premier. Ce signe est un cercle rouge renfermant une triple sphère, le tout sur fond blanc.

Toutefois, la seconde guerre mondiale démontrera que les biens culturels n'étaient pas suffisamment protégés en période de conflits armés. C'est pour cette raison que la Hollande prendra l'initiative en 1948 de soumettre à l'Unesco un projet de protection de ces biens. Le 14 mai 1954, la Convention

---

[68] Le Pacte Roerich, accessible à l'adresse suivante :
https://www.icrc.org/applic/ihl/dih.nsf/Treaty.xsp?action=openDocument&documentId=5E2B3F9B1902DA9CC12563140043A813

pour la protection des biens culturels en cas de conflit armé était adoptée à la Haye[69]. Elle est entrée en vigueur le 07 août 1956.

Cette Convention, qui couvre les conflits armés internationaux (article 18) et non internationaux (article 19), du moins en ce qui concerne ses dispositions qui ont trait au respect des biens culturels (dans le cas des conflits internes) pose dans son préambule le constat selon lequel les biens culturels nécessitent une protection renforcée à raison de graves dommages qu'ils ont subi au cours des derniers conflits mondiaux et des menaces de destruction résultant du développement des techniques de guerre. A ce titre, les biens à protéger sont ceux qui sont définis à l'article 1er de la Convention. Ces biens concernent *« a) les biens, meubles ou immeubles, qui présentent une grande importance pour le patrimoine culturel des peuples, tels que les monuments d'architecture, d'art ou d'histoire, religieux ou laïques, les sites archéologiques, les ensembles de constructions qui, en tant que tels, présentent un intérêt historique ou artistique, les œuvres d'art, les manuscrits, livres et autres objets d'intérêt artistique, historique ou archéologique, ainsi que les collections scientifiques et les collections importantes de livres, d'archives ou de reproductions des biens définis ci-dessus) les édifices dont la destination principale et effective est de conserver ou d'exposer les biens culturels meubles définis à l'alinéa a), tels que les musées, les grandes bibliothèques, les dépôts d'archives, ainsi que les refuges destinés à abriter, en cas de conflit armé, les biens culturels meubles définis à l'alinéa a);c) les centres comprenant un nombre considérable de biens culturels qui sont définis aux alinéas a) et b), dits «centres monumentaux».*

Pour sauver ces biens des effets de la guerre, la Convention institue en leur faveur une protection générale et une protection spéciale.

b) La protection générale

Elle se fait sous un double aspect, à savoir la sauvegarde et le respect des biens culturels. Pour un Etat partie, la sauvegarde (article 3) consiste à prendre sur le plan national des mesures appropriées en temps de paix afin de prévenir les effets prévisibles d'un conflit armé. Le respect, sans condition de réciprocité, de biens culturels (article 4) implique de la part de chaque Etat partie, l'interdiction d'exposer les biens culturels à des attaques militaires. Sont aussi interdits, les actes de vol et de vandalisme contre les biens

---

[69] Texte de la Convention pour la protection des biens culturels en cas de conflit armé, accessible à l'adresse suivante : https://www.icrc.org/dih/INTRO/400

culturels situés sur le territoire d'un Etat partie ainsi que toute mesure de représailles à l'encontre ces biens. Cependant, les précautions prises par un Etat partie pour protéger ses biens culturels n'excluent pas l'attaque de ceux-ci lorsqu'une « *(…) nécessité militaire exige, d'une manière impérative, une telle dérogation* » (article 4.2). Par ailleurs en cas d'occupation (article 5), la partie occupante doit prendre dans la mesure du possible toutes les mesures nécessaires pour appuyer les efforts de protection des biens culturels de la partie occupée.

Les biens à protéger doivent se distinguer (article 16 et 17) par un signe distinctif qui est « *(…) un écu, pointu en bas, écartelé en sautoir de bleu-roi et de blanc (un écusson formé d'un carré bleu-roi dont un des angles s'inscrit dans la pointe de l'écusson, et d'un triangle bleu-roi au-dessus du carré, les deux délimitant un triangle blanc de chaque côté)* ». Le signe est employé isolé ou répété trois fois en formation triangulaire (un signe en bas).

c) La protection spéciale

Une des innovations de la Convention est d'instituer un mécanisme de protection spéciale de certains biens culturels inscrits au Registre international des biens culturels. Pour bénéficier de cette protection, le bien culturel en question doit répondre aux exigences de l'article 8 de la Convention. Au regard de son importance, le bien culturel ne doit pas être utilisé dans un but hostile et doit se trouver dans un refuge situé à une distance suffisante de tout point sensible (un grand centre industriel, un militaire comme un aérodrome, une station de radiodiffusion ou un établissement travaillant pour la défense nationale, etc.). Cependant la surveillance des refuges abritant des biens culturels par des hommes en armes ne saurait les priver de ce statut spécial. Aussi le fait que ces refuges soient situés non loin d'un objectif militaire important n'a pas pour effet le retrait du statut spécial si la partie qui n'a pas préalablement pris soin d'éloigner ces biens s'engage à ne pas l'utiliser à des fins militaires. Enfin, un refuge pour biens culturels meubles peut également être placé sous protection spéciale, quel que soit son emplacement, s'il est construit de telle façon que, selon toute probabilité, les bombardements ne pourront pas lui porter atteinte. En effet dès lors qu'une protection spéciale est accordée à un bien culturel, ce bien sera immunisé de toute attaque, sauf s'il fait l'objet d'un autre usage hostile ou si une nécessité militaire inéluctable exige la levée temporaire de l'immunité.

d) Le contentieux de l'inscription d'un bien culturel dans le registre international

Les demandes d'inscription d'un bien culturel dans le registre international tenu par le Directeur Général de l'UNESCO peut donner naissance à un contentieux (articles 13, 14 et 15) si l'une des parties à la Convention s'oppose à la dite inscription en faisant notamment valoir le fait que le bien dont l'inscription est demandée n'est pas un bien culturel ou qu'il poursuit une finalité militaire (article12 du Règlement d'exécution de la Convention). Les demandes d'inscription d'un bien sous le régime de protection spéciale sont adressées au Directeur général de l'UNESCO. Ce dernier tient le Registre et remet les doubles des demandes au Secrétaire Général de l'Organisation des Nations Unies ainsi qu'aux parties contractantes. Ces demandes indiquent notamment l'emplacement de ces biens, et certifient qu'ils ne seront pas utilisés pour des fins hostiles. Si la partie qui s'est opposée ne rapporte pas son opposition six mois après la formulation de celle-ci, la partie qui a demandé l'inscription de son bien culturel peut demander à ce que le différend soit porté devant l'instance arbitrale dont la mise en place est prévue par la Convention. Cette demande est formulée au plus tard une année après la date à laquelle le Directeur Général a reçu la lettre d'opposition. Chacune des parties désignent un arbitre et les deux arbitres choisissent un surarbitre. Les décisions du tribunal arbitral seront sans appel. Quand une partie renonce de recourir à cette procédure d'arbitrage dans le cadre des contestations relatives à la demande d'inscription, elle portera ses prétentions devant le Directeur Général de l'UNESCO qui réglera la question par voie de vote des Etats parties à la Convention. Ainsi le Directeur Général de l'UNESCO a le pouvoir de prononcer la radiation de l'inscription d'un bien culturel en cas de confirmation de l'opposition émanant d'une autre partie et en cas de demande d'une partie sur le territoire de laquelle le bien se trouve.

Le transport des biens culturels en période de conflits armés à l'intérieur du territoire d'un Etat partie ou à l'extérieur de ce territoire fait l'objet d'une procédure spéciale ayant pour objectif de mettre ces biens à l'abri des attaques militaires et de favoriser le retour des biens culturels dans le territoire de l'Etat partie à la convention.

e) Contrôle de la mise en œuvre des dispositions de la convention en temps de guerre

Lorsqu'un conflit éclate, ce contrôle est assuré par trois principaux personnages :

Premièrement, il s'agit du représentant spécial pour les biens culturels nommé par chacune des parties en conflit. En cas d'occupation, c'est la puissance occupante qui est tenue de nommer ce représentant pour le territoire occupé.

Deuxièmement, il s'agit des délégués nommés par la puissance protectrice auprès des parties en conflit. Ces délégués sont les diplomates de la puissance protectrice accrédités auprès de ces parties. Aux termes de l'article 5 du Règlement d'exécution de la Convention, « *Les délégués des Puissances protectrices constatent les violations de la Convention, font enquête, avec le consentement de la Partie auprès de laquelle ils exercent leur mission, sur les circonstances dans lesquelles elles se sont produites, effectuent des démarches sur place afin de les faire cesser et, en cas de besoin, en saisissent le Commissaire général. Ils le tiennent au courant de leur activité* ».

Troisièmement enfin, il s'agit du Commissaire général aux biens culturels qui est choisi d'un commun accord sur une liste internationale de personnalités établie par le Directeur général de l'UNESCO. L'article 4.2 du Règlement d'exécution de la convention dispose que « *Si les Parties ne se mettent pas d'accord dans les trois semaines qui suivent l'ouverture de leurs pourparlers sur ce point, Elles demandent au Président de la Cour internationale de Justice de désigner le Commissaire général, qui n'entrera en fonctions qu'après avoir obtenu l'agrément de la Partie auprès de laquelle il devra exercer sa mission* ». La mission de contrôle du Commissaire Général est déterminée dans l'article 6 du Règlement d'exécution de la Convention qui dispose que « *Le Commissaire Général aux biens culturels traite, avec le représentant de la Partie auprès de laquelle il exerce sa mission et avec les délégués intéressés, les questions dont il est saisi au sujet de l'application de la Convention (…) Avec l'agrément de la Partie auprès de laquelle il exerce sa mission, il a le droit d'ordonner une enquête ou de la diriger lui-même (…). Il établit les rapports nécessaires sur l'application de la Convention et les communique aux Parties intéressées ainsi qu'à leurs Puissances protectrices. Il en remet des copies au Directeur général de l'Organisation des Nations Unies pour l'éducation, la science et la culture, qui ne pourra faire usage que de leurs données techniques (…)* ». Ce Commissaire peut aussi nommer, si les parties l'acceptent, des inspecteurs et des experts des biens culturels qui ne dépendront que de lui.

Le but ultime de la Convention étant la protection efficace des biens culturels en période de conflits armés, l'article 28 de la Convention engage les Etats parties à prendre dans « (...) le cadre de leur système de droit pénal, toutes mesures nécessaires pour que soient recherchées et frappées de sanctions pénales ou disciplinaires les personnes, quelle que soit leur nationalité, qui ont commis ou donné l'ordre de commettre une infraction à la présente Convention » et à diffuser aussi bien temps de paix qu'en temps de guerre cette convention et son règlement d'exécution auprès de leurs forces armées et autorités civiles respectives (article 25).

Par ailleurs au cours des années « 90 », la première guerre du golfe et le conflit dans l'ex. Yougoslavie fourniront l'occasion de constater les limites de la Convention de 1954. Ces lacunes motiveront l'adoption de deux autres protocoles qui complètent la Convention cadre de 1954. C'est surtout le deuxième protocole adopté en 1999, qui se montrera plus offensif, en mettant en place un système de protection « renforcée » des biens culturels.

f) Les deux protocoles de la convention cadre sur la protection des biens culturels de 1954

Le premier Protocole pour la protection des biens culturels en cas de conflit armé a été adopté le 14 mai 1954 à la Haye et est entrée en vigueur le 7 août 1956. Ce Protocole qui complète la Convention cadre de 1954 vise à contrer le trafic international des biens culturels illégalement acquis au cours d'un conflit armé. L'article 1er Protocole comporte les dispositions les plus pertinentes concernant l'interdiction en période de conflit armé de l'exportation des biens culturels situés dans le territoire occupé par chacune des parties impliquées dans le conflit. Lorsque ces biens sont importés dans un Etat partie à la Convention, cet Etat est dans l'obligation de les mettre sous séquestre et de remettre dès la fin des hostilités ces biens aux autorités compétentes du territoire précédemment occupé. En ce qui concerne les détenteurs de bonne foi de ces biens, ils seront dédommagés par la puissance occupante qui avait pour responsabilité d'empêcher la sortie illicite du bien en question.

A son tour, le second Protocole adopté le 26 mars 1999 et entrée en vigueur le 9 mars 2004 complète la Convention cadre de 1954 et améliore significativement son système de protection des biens culturels en instituant un régime de protection renforcé. L'application de la protection renforcée prévue à l'article 10 du second protocole est subordonnée à la réunion de trois conditions : le bien concerné doit représenter un patrimoine culturel qui revêt la plus haute importance pour l'humanité ; ce bien doit, au plan interne, bénéficier d'un régime de protection qui reconnait sa valeur culturelle et historique exceptionnelle. Enfin, ce bien ne doit pas être utilisé à des fins militaires.

Dès lors qu'un bien culturel répond cumulativement aux conditions précitées, la partie sous l'autorité de laquelle se trouve le bien dont il s'agit, peut demander une protection renforcée au comité de protection des biens culturels en période de conflit armé (article 11 et 12 du second Protocole.). Les biens ainsi inscrits ne doivent en aucun cas faire l'objet d'attaque militaire ou être utilisé dans un but hostile.

Un bien culturel ne perdra cette protection pour constituer une cible militaire que dans certains cas milités (article 13) : si le bien est utilisé dans un but militaire, si toutes les mesures de précaution ont été prises pour réduire au minimum les dommages causés à ce bien et enfin, si l'ordre d'attaquer ce bien est donné par les plus hautes autorités opérationnelles et précédé d'avertissement adressé aux forces adverses en vue de mettre fin à l'utilisation hostile du bien concerné. Aussi un délai raisonnable doit être laissé à cet adversaire pour lui permettre de redresser la situation.

Le second Protocole élabore en outre un cadre répressif beaucoup plus avancé des violations de ses dispositions. En premier lieu, le Protocole présente un ensemble d'actes susceptibles de constituer des infractions. Aux termes de l'article 15 du protocole, il s'agit de l'un des actes ci-après « *(a) faire d'un bien culturel sous protection renforcée l'objet d'une attaque ; (b) utiliser un bien culturel sous protection renforcée ou ses abords immédiats à l'appui d'une action militaire ; (c) détruire ou s'approprier sur une grande échelle des biens culturels protégés par la Convention et le présent Protocole; (d) faire d'un bien culturel couvert par la Convention et le présent Protocole l'objet d'une attaque ; (e) le vol, le pillage ou le détournement de biens culturels protégés par la Convention, et les actes de vandalisme dirigés contre des biens culturels protégés par la Convention. ».* Cependant, le Protocole laisse aux Etats parties le soin de définir dans leurs législations internes, les peines à appliquer aux infractions prévues à l'article 15. Chaque Etat partie est également tenu de faire en sorte que ces juges aient la compétence de poursuivre légalement les violations graves du Protocole dans les cas suivants : lorsque de telles infractions ont été commises sur le territoire de cet Etat ou lorsque l'auteur présumé est un ressortissant de cet Etat ou encore lorsque l'auteur présumé est présent sur le territoire dudit Etat. L'Etat partie qui est dans l'incapacité de juger les auteurs de ces infractions est dans l'obligation de les extrader vers un pays qui en a la compétence. Le Protocole prévoit une procédure d'entraide judiciaire entre ses Etats parties en vue d'échanger, entre autres, les éléments de preuve de l'infraction alléguée. Toutefois, le Protocole peut empêcher les demandes d'extradition ou d'entre aide judiciaire lorsque ces demandes sont fondées sur les infractions à caractère politiques ou visent à sanctionner une personne pour ses idées, son origine ethnique ou tout autre critère analogue (article 20).

En dehors de la responsabilité individuelle, le Protocole institue une obligation de réparation des cas de violation de ses dispositions par un Etat. A ce titre l'article relatif à la responsabilité des Etats stipule qu' *« aucune disposition du présent Protocole relative à la responsabilité pénale des individus n'affecte la responsabilité des Etats en droit international, notamment l'obligation de réparation. »*

f-1) Les organes du second protocole

Le Protocole prévoit l'existence de quelques organes chargés d'assurer sa bonne administration. Il s'agit d'un Comité qui a le pouvoir d'accorder, de suspendre ou de retirer la protection renforcée à des biens culturels et de superviser l'application du Protocole (article 27). Ce Comité est composé de douze Etats élus par la réunion des parties pour un mandat de quatre ans et se réunit une fois par an en session ordinaire et chaque fois qu'il le juge nécessaire en session extraordinaire. Il y a ensuite le Secrétariat de l'UNESCO qui assiste le Comité tout en établissant sa documentation, son ordre du jour et l'exécution de ses décisions (article 28). Le Comité et l'UNESCO peuvent aussi, chacun en ce qui le concerne, accorder aux Etats parties qui en font la demande une assistance juridique ou administrative tendant à améliorer la protection des biens culturels en temps de conflit armé. Il y a enfin le Fonds pour la protection des biens culturels en cas de conflit armé qui a pour missions de soutenir les Etats parties dans leurs obligations de sensibiliser au plan national les autorités militaires et civiles sur la nécessité de protéger les biens culturels en temps de conflit armé.

DEUXIEME PARTIE
SANCTION DES ATTEINTES A L'ENVIRONNEMENT EN PERIODE DE CONFLIT ARME

Le régime de la responsabilité internationale de l'Etat résultant des dommages causés à l'environnement d'un ou de plusieurs autres Etats en période de conflit armé et celui de la sanction de cette responsabilité ne sont guère différents du régime de la responsabilité applicable en droit international général. Sauf que du point de vue de la mise en œuvre de la responsabilité internationale de l'Etat pour atteinte à l'environnement en période de conflit armé, un certain seuil de gravité est exigé. Tel n'est évidemment pas le cas en matière de droit international de l'environnement ou les atteintes à l'environnement d'un Etat A provenant du fait de l'Etat B engagent la responsabilité internationale de ce dernier. Dans l'Affaire de la fonderie de Trail par exemple, située en Colombie britannique, la responsabilité internationale du Canada fut admise à l'égard des USA à raison du préjudice causé en territoire américain par des gaz toxiques provenant d'une fonderie située au canada. Le Canada fut donc condamné le 11 mars 1941 par le Tribunal ad hoc mis en place par les deux parties sur la base d'une clause compromissoire à dédommager les victimes américaines[70].

Dans le cadre d'un conflit armé, les dommages causés à l'environnement sont des actes ou des omissions internationalement illicites et imputables soit aux Etats belligérants ; soit aux individus a raison du fait qu'ils sont les acteurs décisifs d'un tel conflit. Dès lors que cette responsabilité est située, il conviendrait d'envisager la sanction de ces faits illicites selon les règles du droit international.

Chapitre I : La responsabilité internationale des Etats belligérants

Le fondement de la responsabilité de l'Etat belligérant en matière d'atteinte à l'environnement en période de conflit armé réside dans la violation par cet Etat de ses obligations internationales au titre des traités internationaux auxquels il a adhéré et de la coutume internationale. Ainsi, la mise en œuvre de cette responsabilité exige la réunion de deux conditions cumulatives :

---

[70] « Les problèmes de pollution transfrontière et de déchets dangereux en Amérique du nord » de Jean Piette, dans la Revue québécoise de droit international, accessible à l'adresse suivante : http://rs.sqdi.org/volumes/07.2_-_piette.pdf

premièrement, l'acte ou l'omission doit être interdit. Deuxièmement, l'acte ou l'omission doit être imputable à un Etat belligérant. Mais avant d'examiner les éléments constitutifs de cette responsabilité internationale, il convient de déterminer la notion de fait internationalement illicite en droit international.

Section 1 : Le fait internationalement illicite

Il existe au cours d'un conflit armé international une pluralité de faits internationalement illicites susceptibles d'être commis par un Etat belligérant et pouvant affecter l'environnement de son adversaire. Les faits internationalement illicites commis en période de conflits armés internationaux engagent la responsabilité internationale de l'Etat belligérant auteur de tels faits. Ce principe est consacré par l'article premier du projet d'articles sur la responsabilité des Etats pour faits internationalement illicite élaboré par la Commission du droit international. Cet article stipule que « *Tout fait internationalement illicite de l'État engage sa responsabilité internationale[71]* ». Le principe de la responsabilité internationale de l'Etat pour les faits illicites qu'il commet est reconnu par la jurisprudence internationale : La Cour Permanente de Justice Internationale (CPJI) a déjà jugé dans l'Affaire des Phosphates du Maroc que cette responsabilité lie directement l'Etat auteur du comportement fautif à l'Etat victime.

A)Les éléments constitutifs de la responsabilité internationale

Selon l'article 2 du projet d'articles sur la responsabilité internationale, « *Il y a fait internationalement illicite de l'État lorsqu'un comportement consistant en une action ou une omission: a) est attribuable à l'État en vertu du droit international; et b) constitue une violation d'une obligation internationale de l'État* ». La jurisprudence internationale combine ces deux éléments avant d'admettre la responsabilité internationale d'un Etat pour fait internationalement illicite. Ainsi dans l'affaire relative au Personnel diplomatique et consulaire des États-Unis à Téhéran, la CIJ a indiqué que pour conclure à la responsabilité de l'Iran, «*(...) elle doit déterminer dans quelle mesure les comportements en question peuvent être considérés comme juridiquement imputables à l'État iranien. Ensuite, elle doit rechercher s'ils sont compatibles ou non avec les obligations incombant à l'Iran en vertu*

---

[71] Projet d'articles sur la responsabilité des Etats pour faits internationalement illicite et commentaires y relatifs, accessible à partir du lien suivant :
http://untreaty.un.org/ilc/texts/instruments/francais/commentaires

des traités en vigueur ou de toute autre règle de droit international
éventuellement applicable[72]»

1) L'imputabilité à l'Etat belligérant du fait internationalement illicite

La responsabilité de l'Etat exige à ce que le fait illicite lui soit attribuable. Dans le commentaire qu'il fait sur l'article 2 de son projet d'articles sur la responsabilité internationale, la Commission du droit international indique en son point 12 que *« (…) le terme «attribution» est employé pour désigner l'opération du rattachement à l'État d'une action ou omission donnée. Dans la pratique et la jurisprudence internationales, le terme «imputation» est également utilisé. Mais le terme«attribution» permet d'éviter de laisser entendre que le processus juridique consistant à rattacher le comportement de l'État est une fiction, ou que le comportement en question est «en réalité celui de quelqu'un d'autre ».* Constituant des entités dotées de la personnalité juridique internationale, *«Les États ne peuvent agir qu'au moyen et par l'entremise de la personne de leurs agents et représentants[73]».*

Ainsi, la responsabilité de l'Etat pour dommage à l'environnement de la puissance adverse en période de guerre est en tout premier lieu engagé par le fait des soldats qui mènent les opérations militaires au nom et pour le compte de leur Etat. Ces soldats sont dirigés par les officiers supérieurs de l'armée qui décident de la stratégie opérationnelle à exécuter et par le personnel politique qui autorise le déclenchement ou l'arrêt des hostilités selon ses intérêts géopolitiques ou économiques. Ainsi, les opérations militaires menées par les soldats d'un Etat qui affectent l'environnement de la puissance adverse sont attribuables à cet Etat et engagent sa responsabilité.

En second lieu, la responsabilité de l'Etat belligérant pour dommage à l'environnement peut être engagée par le fait des compagnies privées militaires et de sécurité privées mandatées par cet Etat. En effet, la sous-traitance des tâches militaires par un Etat belligérant à des compagnies privées de sécurité dans le cadre d'un conflit armé connait de nos jours un développement important. Cette privatisation de la guerre conduit le personnel de ses compagnies à participer pour le compte de l'Etat belligérant à la planification et à la conduite des opérations militaires. Ainsi les

---

[72] Personnel diplomatique et consulaire des États-Unis à Téhéran, C.I.J. Recueil 1980, p. 3.

[73] Colons allemands en Pologne, 1923, C.P.J.I., série B, no 6, p. 22.

dommages à l'environnement résultant des procédés de guerre utilisés par ces compagnies engagent la responsabilité de l'Etat sous les instructions duquel elles ont agi[74].

Toutefois pour que les actes d'une partie impliquée dans un conflit armé soient rattachés à un Etat et engagent sa responsabilité, la jurisprudence internationale exige à ce que cet Etat exerce un contrôle effectif sur les opérations menées par cette partie. Dans son arrêt relatif à l'affaire des Activités militaires et paramilitaires, la CIJ précisera le degré de contrôle requis pour engager la responsabilité de l'Etat. Elle déclarera à cet effet que *« (…) malgré les subsides importants et les autres formes d'assistance que leur fournissent les États-Unis, il n'est pas clairement établi que ceux-ci exercent en fait sur les contras dans toutes leurs activités une autorité telle qu'on puisse considérer les contras comme agissant en leur nom … Toutes les modalités de participation des États-Unis qui viennent d'être mentionnées, et même le contrôle général exercé par eux sur une force extrêmement dépendante à leur égard, ne signifieraient pas par eux-mêmes, sans preuve complémentaire, que les États-Unis aient ordonné ou imposé la perpétration des actes contraires aux droits de l'homme et au droit humanitaire allégués par l'État demandeur. Ces actes auraient fort bien pu être commis par des membres de la force contra en dehors du contrôle des États-Unis. Pour que la responsabilité juridique de ces derniers soit engagée, il devrait en principe être établi qu'ils avaient le contrôle effectif des opérations militaires ou paramilitaires au cours desquelles les violations en question se seraient produites[75] ».*

2) Violation par l'Etat belligérant de ses obligations internationales

Les faits illicites qui engagent la responsabilité de l'Etat sont entre autres constitués de l'usage des moyens et méthodes de guerre interdits par le droit applicable en période de conflit armé. Sans être exhaustif, il s'agit de la pose des mines antipersonnel (article premier de la Convention d'Ottawa), de l'usage des armes à dispersion qui polluent notamment le sol (article premier

---

[74]Le document de Montreux sur les obligations juridiques pertinentes et les bonnes pratiques pour les Etats en ce qui concerne les opérations des entreprises militaires et de sécurité privées pendant les conflits armés. Accessible à l'adresse suivante :
 https://www.icrc.org/fre/assets/files/other/icrc_001_0996.pdf
[75] Activités militaires et paramilitaires au Nicaragua et contre celui-ci (Nicaragua c. États-Unis d'Amérique), fond, C.I.J. Recueil 1986, p. 14.

de la Convention sur les armes à sous-munitions), de l'usage des armes bactériologiques et chimiques qui affectent l'écosystème, l'air (article 9 de la convention sur les armes biologiques et article premier de la convention sur les armes chimiques), de l'usage des techniques de guerre qui modifient l'environnement (article 1.1 de la Convention ENMOD), de la destruction des biens culturels sans nécessité militaire impérieuse (article 16 et 17 de la Convention sur la protection des biens culturels), des moyens et méthodes de guerre qui causent des dommages étendus, graves et durables sur l'environnement (article 35 paragraphe 3 et article 56 du premier protocole additionnel aux Conventions de Genève du 12 août 1949).

Section 2 : Les sanctions

La sanction juridique qu'il est possible d'infliger à l'Etat est une sanction de nature civile. Cette dernière est en quelque sorte la transposition au plan du droit international applicable en période de conflit armé, du principe pollueur-payeur et porte concrètement sur la réparation (indemnisation et restauration des sites pollués) de l'intégralité du préjudice écologique réalisé directement en territoire ennemi ou indirectement sur le territoire de tout autre Etat non impliquée dans la guerre. Cette responsabilité est établie par la CIJ et les tribunaux arbitraux internationaux lorsqu'ils sont régulièrement saisis.

A) La réparation des dommages causés à l'environnement en période d'un conflit armé

A titre liminaire, il convient de préciser que par ses conséquences, un conflit armé affecte forcément l'environnement. Cependant, le préjudice écologique susceptible d'entrainer une obligation de réparation doit nécessairement répondre à certaines conditions : Il doit être grave, étendu, durable et causé sans nécessité militaire impérieuse[76]. Tandis que le préjudice causé à un Etat tiers n'exigera pas ces conditions pour engager la responsabilité du belligérant responsable. Les accords internationaux ne définissent pas explicitement ces notions dont la détermination permet d'engager la responsabilité internationale de l'Etat. Il revient au juge international

---

[76] Articles 1.1 de la Convention ENMOD et 4.2 de la Convention de 1954 pour la protection des biens culturels en cas de conflit armé.

régulièrement saisi de définir ces notions au regard de l'ensemble des circonstances qui entourent un cas d'espèce soumis à son examen.

L'obligation de réparer un tel dommage pèse sur l'Etat responsable du fait internationalement illicite. Le principe de réparation existe même si un traité international ne le mentionne pas. La Cour permanente de justice internationale (CPJI) dans l'Affaire de l'usine de Chorzow a dans un premier temps consacré le principe de réparation des dommages en déclarant que «*C'est un principe de droit international que la violation d'un engagement entraîne l'obligation de réparer dans une forme adéquate. La réparation est donc le complément indispensable d'un manquement à l'application d'une convention, sans qu'il soit nécessaire que cela soit inscrit dans la convention même (...)* » Ensuite, la CPJI s'est employé à préciser dans un second temps le contenu de ce principe en faisant valoir que *«le principe essentiel, qui découle de la notion même d'acte illicite et qui semble se dégager de la pratique internationale, notamment de la jurisprudence des tribunaux arbitraux, est que la réparation doit, autant que possible, effacer toutes les conséquences de l'acte illicite et rétablir l'état qui aurait vraisemblablement existé si ledit acte n'avait pas été commis. Restitution en nature, ou, si elle n'est pas possible, paiement d'une somme correspondant à la valeur qu'aurait la restitution en nature; allocation, s'il y a lieu, de dommages-intérêts pour les pertes subies et qui ne seraient pas couvertes par la restitution en nature ou le paiement qui en prend la place; tels sont les principes desquels doit s'inspirer la détermination du montant de l'indemnité due à cause d'un fait contraire au droit international[77]»*. Aussi, l'article 31 du projet d'articles de la CDI relatif à la réparation indique que « *1. L'État responsable est tenu de réparer intégralement le préjudice causé par le fait internationalement illicite. 2. Le préjudice comprend tout dommage, tant matériel que moral, résultant du fait internationalement illicite de l'État* ».

B) Les formes de la réparation

L'obligation de réparer les dommages causés à l'environnement dans le cadre d'un conflit armé international prend séparément ou conjointement aux termes du projet d'articles de la CDI diverses formes qui sont la restitution (article 35), l'indemnisation (article36) et la satisfaction (article 37).

La restitution peut porter sur les biens culturels dont un belligérant s'est illégalement emparé. Ainsi dans l'affaire du *Temple de Preah Vihear*, la CIJ a

---

[77] Affaire Usine de Chorzów, compétence, C.P.J.I., série A, n° 9 (1927).

exigé à ce que la Thaïlande restitue au Cambodge certains objets qu'elle avait enlevés du temple et de la zone avoisinante[78]. Cette obligation de restitution ou de remise en état souffre cependant de quelques exceptions : Elle ne doit pas être matériellement impossible à réaliser d'une part, et d'autre part, elle ne doit pas être financièrement hors de toute proportion. Lorsque la restitution n'est pas possible par l'Etat responsable, celui-ci est tenu d'indemniser l'Etat victime. Mais le dommage à indemniser doit être financièrement évaluable. A ce titre, selon un Accord conclu en avril 1981 entre le Canada et l'ex.URSS à la suite de l'écrasement du satellite soviétique Cosmos-954 en territoire canadien au mois de janvier 1978, l'ex.URSS a accepté d'indemniser le préjudice résultant de la chute du satellite en payant au Canada la somme trois millions de dollars canadiens[79].

L'indemnisation des préjudices résultant des atteintes à l'environnement suite à un conflit armé peut être difficile à effectuer. La CDI estime à juste titre que « *Dans les cas où une indemnité a été accordée ou convenue à la suite d'un fait internationalement illicite ayant causé ou menaçant de causer un dommage à l'environnement, les sommes versées avaient pour objet de rembourser l'État lésé des frais qu'il avait raisonnablement encourus pour prévenir la pollution ou y remédier, ou de le dédommager de la perte de valeur du bien pollué. Cependant, les dommages à l'environnement vont souvent au-delà de ceux qui peuvent facilement être évalués en termes de frais de nettoyage ou de perte de valeur d'un bien. Les atteintes à de telles valeurs environnementales (biodiversité, agrément, etc. parfois appelées «valeurs de non-usage») ne sont pas moins réelles et indemnisables, en principe, que les dommages aux biens, même si elles sont sans doute plus difficiles à évaluer[80]* ».

Enfin, la satisfaction intervient lorsque l'Etat responsable du fait internationalement illicite ne peut réparer le dommage ni par la restitution ni par l'indemnisation. La satisfaction suppose alors la reconnaissance de la violation par l'Etat responsable, la présentation des regrets par ce dernier ou des excuses sans pour autant que ces attitudes ne se confondent à l'humiliation de l'Etat responsable.

---

[78] Affaire du Temple de Preah Vihear, fond, C.I.J. Recueil 1962, p. 36 et 37.

[79] Protocole entre le Canada et l'ex. URSS, 2 avril 1981, I.L.M., vol. 20 (1981), p. 689.

[80] Point 15 du commentaire de l'article 36 du projet de la CDI

Chapitre II : La responsabilité individuelle

Le fait d'utiliser au cours des opérations militaires des procédés interdits qui portent gravement atteinte à l'environnement sans aucune nécessité militaire est qualifié par nombre de traités internationaux de crimes de guerre. Ce crime, comme le reste des crimes internationaux (crime contre l'humanité, crime de génocide, crime d'agression piraterie, esclavage, etc) relèvent du jus cogens. Une norme est qualifiée de jus cogens lorsqu'elle est impérative, ne peut faire l'objet d'aucune dérogation et a le statut le plus élevé dans la hiérarchie des normes en droit international. Etant un crime international relevant de jus cogens, la réalisation d'un crime de guerre constitué d'atteintes notoires à l'environnement en temps de guerre entraine de la part des Etats (individuellement et collectivement) une obligation erga omnes qui consiste notamment à considérer de tels crimes comme imprescriptibles. Elle entraine également l'obligation de poursuivre, de juger et extrader leurs auteurs. Pour M. Cherif Bassiouni, professeur de droit à l'International Human Rights Law Institute de Paul University, Chicago, *« (...) Le jus cogens entraine des devoirs et non des droits optionnels ; si tel n'était pas le cas, il ne représenterait pas une norme impérative du droit international. Par conséquent, les implications du jus cogens ne sauraient souffrir d'aucune dérogation, ni en temps de guerre ni en temps de paix (...) [81] »*. En général ce sont les soldats qui sont les exécutants et leurs supérieurs hiérarchiques (les commandants qui élaborent les plans d'attaques et les dirigeants politiques de l'Etat qui décident par exemple de l'entrée en guerre et des objectifs politico militaires à atteindre) qui sont susceptibles d'engager leur responsabilité pénale du fait des dommages causés à l'environnement dans le cadre d'un conflit armé. Ainsi, nous passerons en revue le cadre international de répression des crimes de guerre constitués d'atteintes significatives à l'environnement d'une part ; et d'autre part, le cadre national de répression des mêmes crimes.

Section 1 : Le cadre international de répression

Au plan international, il existe deux catégories de juridictions investies de la fonction répressive : les juridictions internationales ad hoc et une juridiction internationale permanente, la Cour pénale internationale (CPI). Parmi les juridictions de la première catégorie qui ont compétence de réprimer les

---

[81] Extrait de l'article *« Réprimer les crimes internationaux : jus cogens et obligatio erga omnes »* publié dans « Répression nationale des violations du droit international humanitaire », CICR, 1997.

atteintes significatives à l'environnement en période de conflit armé, on peut d'une part citer le tribunal international militaire de Nuremberg (TIMN) qui est la toute première juridiction internationale chargée de juger les crimes de guerre, en occurrence les criminels nazis, et d'autre part, le tribunal pénal international pour l'ex-Yougoslavie (TPIY), l'une des dernières juridictions internationales investies de la même mission dans le cadre du conflit qui a éclaté en ex. Yougoslavie. En ce qui concerne les juridictions de la seconde catégorie, il n'existe qu'une seule : la Cour pénale internationale (CPI). Nous analyserons tour à tour les compétences respectives de ces juridictions en matière de répression des atteintes significatives à l'environnement en période de conflit armé.

A)Le Tribunal Militaire International de Nuremberg

C'est aux termes de la conférence de Londres qui s'est déroulée du 26 juin au 8 août 1945 que la France, le Royaume Uni, les USA et l'ex. URSS signèrent l'Accord de Londres qui a fixé le Statut de ce Tribunal qui prévoyait l'engagement des poursuites et le jugement des « (...) *grands criminels de guerre des pays européens de l'axe* ». Sans le mentionner expressément, l'article 6.b dudit Statut inclut la destruction des biens culturels dans la définition du crime de guerre. L'article précité définit les crimes de guerre comme « *les violations des lois et coutumes de la guerre. Ces violations comprennent, sans y être limitées, l'assassinat, les mauvais traitements et la déportation pour des travaux forcés ou pour tout autre but, des populations civiles dans les territoires occupés, l'assassinat ou les mauvais traitements des prisonniers de guerre ou des personnes en mer, l'exécution des otages, le pillage des biens publics ou privés, la destruction sans motif des villes et des villages ou la dévastation que ne justifient pas les exigences militaires[82]* ». La destruction des biens publics et privés peut inclure les biens culturels, les forets, etc. tandis que la destruction des villes et village peut viser les maisons de cultes, le paysage, etc. La responsabilité de telles attaques sont attribuables à leurs auteurs quelque soit le statut de ces derniers. En outre, l'article 7 du statut du TMIN dispose *que « la situation officielle des accusés, soit comme chefs d'Etats, soit comme hauts fonctionnaires, ne sera considérée ni comme une excuse absolutoire ni*

---

[82]Le Statut du Tribunal Militaire International, Londres (08 août 1945), accessible à l'adresse suivante :
https://www.icrc.org/applic/ihl/dih.nsf/52d68d14de6160e0c12563da005fdb1b/ef25b8f448034148c1256417004b1ce6?OpenDocument

comme un motif de diminution de la peine ». Cependant le fait d'avoir agi sur ordre de son gouvernement ou de son supérieur hiérarchique, s'il ne disculpe pas l'accusé peut au moins diminuer sa peine (article 8). Dès lors que le tribunal est convaincu que des accusés ont commis un crime de guerre, il pourra en vertu de l'article 27 de son statut *« (...) prononcer contre les accusés convaincus de culpabilité la peine de mort ou tout autre châtiment qu'il estimera être juste ».* Les décisions du tribunal sont définitives et non susceptibles de révision et peuvent être assorties de mesures de *« (...) confiscation de tous biens volés et leur remise au Conseil de Contrôle en Allemagne »* (article 28). Lorsque la personne condamnée appartenait à une organisation, le tribunal peut qualifier ladite organisation de criminelle (article 9). Les décisions du tribunal interviennent à la suite d'une procédure qui garanti aux accusés un procès équitable, respectueux des droits de la défense. Cependant sans aggraver la sévérité des décisions, seul le Conseil de Contrôle en Allemagne peut modifier ou réviser les décisions du tribunal (article 29)

B)Le Tribunal Pénal International pour l'ex-Yougoslavie

Son siège est fixé à la Haye et est créé par le Conseil de Sécurité des Nations Unies dans le cadre du chapitre VII de sa charte. Ce tribunal est chargé de punir les personnes présumées responsables de violations graves du droit international humanitaire commises sur le territoire de l'ex-Yougoslavie depuis 1991[83]. Parmi ces violations figurent les atteintes à l'environnement. Sans aussi mentionner explicitement l'environnement, le Statut de ce Tribunal adopté le 25 mai 1993 et amendé le 13 mai 1998 par le Conseil de Sécurité définit en son article 3 certains actes constitutifs d'atteintes à l'environnement. Il s'agit de *« L'emploi d'armes toxiques ou d'autres armes conçues pour causer des souffrances inutiles; b) La destruction sans motif des villes et des villages ou la dévastation que ne justifient pas les exigences militaires; c) L'attaque ou le bombardement, par quelque moyen que ce soit, de villes, villages, habitations ou bâtiments non défendus; d) La saisie, la destruction ou l'endommagement délibéré d'édifices consacrés à la religion, à la bienfaisance et à l'enseignement, aux arts et aux*

---

[83] *« L'essentiel de la justice pénale internationale »,* Stéphanie Maupas, Gualino éditeurs, EJA-Paris 2007

sciences, à des monuments historiques, à des œuvres d'art et à des œuvres de caractère scientifique; e) Le pillage de biens publics ou privés[84] »

L'usage des moyens et méthodes de guerre prohibés qui sont susceptibles d'affecter sérieusement et durablement l'environnement est constitutif de crime de guerre. Les auteurs de ces violations (y compris un chef d'Etat ou de gouvernement ou un haut fonctionnaire) seront tenus individuellement responsables (article 7 du Statut). Les peines qu'ils encourent dans ce cadre excluent bien entendu la peine de mort mais portent que sur les peines d'emprisonnement. Ces peines doivent se situer dans la grille générale des peines d'emprisonnement appliquée par les tribunaux de l'ex-Yougoslavie. Ces peines sont exécutées sous le contrôle du tribunal dans un Etat figurant sur une liste d'Etats qui ont transmis au Conseil de Sécurité leur volonté de recevoir les condamnés (article 27). A noter que ces peines peuvent aussi être assorties de la restitution à leurs propriétaires légitimes, de tous biens et ressources acquis par des moyens illicites, y compris par la contrainte (article 24). Pour éviter l'impunité, le Statut du tribunal a instauré un mécanisme de coopération et d'entraide judiciaire avec les Etats pour la poursuite et le jugement des personnes accusées. Ainsi, les Etats doivent répondre aux demandes d'assistance du tribunal pour ce qui concerne l'indentification des personnes, la réunion des témoignages et le transfert des accusés. Les sentences rendues par la Chambre de première instance peuvent être déférée devant la Chambre d'appel soit par les personnes condamnées; soit par le procureur à raison d'une erreur sur un point de droit qui invalide la décision; ou d'une erreur de fait qui a entraîné un déni de justice. Dans ces cas, la chambre d'appel peut confirmer, annuler ou réviser les décisions de la chambre de première instance (article 25).Tout au long de la procédure, l'accusé doit bénéficier d'un procès équitable : sa cause doit être publiquement entendue, il est présumé innocent jusqu'à preuve du contraire. Il doit être informé dans un délai raisonnable des charges qui pèsent sur lui et disposer du temps et des facilités nécessaires pour organiser sa défense, il a droit aux prestations d'un avocat commis d'office s'il n'a pas les moyens d'en constituer un, etc. (article 21).

C) La Cour pénale internationale

---

[84] Statut du Tribunal Pénal International pour l'ex-Yougoslavie, accessible à l'adresse suivante : https://www.icrc.org/dih/INTRO/555

C'est à la suite d'une importante conférence diplomatique convoquée par les Nations Unies que fut adopté le 17 juillet 1998 le Traité de Rome, instituant le Statut de la CPI. Le 1er juillet 2002, ce traité est entré en vigueur[85]. A la différence des statuts du tribunal du TMIN et du TPIY, l'article 8 du Statut de la CPI est beaucoup plus étendu sur la question des dommages environnementaux, et mieux, il inclut expressément dans la catégorie des crimes de guerre, les atteintes significatives à l'environnement ne répondant pas à une nécessité militaire impérieuse. Les atteintes à l'environnement sont constitués des faits ci-après : « (…) iv) La destruction et l'appropriation de biens, non justifiées par des nécessités militaires et exécutées sur une grande échelle de façon illicite et arbitraire ; (…) ii) Le fait de diriger intentionnellement des attaques contre des biens de caractère civil, c'est-à-dire des biens qui ne sont pas des objectifs militaires; (…) iv) Le fait de diriger intentionnellement une attaque en sachant qu'elle causera incidemment des pertes en vies humaines dans la population civile, des blessures aux personnes civiles, des dommages aux biens de caractère civil ou des dommages étendus, durables et graves à l'environnement naturel qui seraient manifestement excessifs par rapport à l'ensemble de l'avantage militaire concret et direct attendu ; v) Le fait d'attaquer ou de bombarder, par quelque moyen que ce soit, des villes, villages, habitations ou bâtiments qui ne sont pas défendus et qui ne sont pas des objectifs militaires ; (…) ix) Le fait de diriger intentionnellement des attaques contre des bâtiments consacrés à la religion, à l'enseignement, à l'art, à la science ou à l'action caritative, des monuments historiques, des hôpitaux et des lieux où des malades ou des blessés sont rassemblés, à condition qu'ils ne soient pas des objectifs militaires ; x) Le fait de soumettre des personnes d'une partie adverse tombées en son pouvoir à des mutilations ou à des expériences médicales ou scientifiques quelles qu'elles soient qui ne sont ni motivées par un traitement médical, dentaire ou hospitalier, ni effectuées dans l'intérêt de ces personnes, et qui entraînent la mort de celles-ci ou mettent sérieusement en danger leur santé ;(…) xii) Le fait de déclarer qu'il ne sera pas fait de quartier ; xiii) Le fait de détruire ou de saisir les biens de l'ennemi, sauf dans les cas où ces destructions ou saisies seraient impérieusement commandées par les nécessités de la guerre ;(…) xvi) Le pillage d'une ville ou d'une localité, même prise d'assaut ; xvii) Le fait d'employer du poison ou des

---

[85] Rapport d'information du sénat français 313 (98-99) de la commission des affaires étrangères consacré à la CPI. http://www.senat.fr/rap/r98-313/r98-313.html

armes empoisonnées ; xviii) Le fait d'employer des gaz asphyxiants, toxiques ou similaires, ainsi que tous liquides, matières ou procédés analogues ; xix) Le fait d'utiliser des balles qui s'épanouissent ou s'aplatissent facilement dans le corps humain, telles que des balles dont l'enveloppe dure ne recouvre pas entièrement le centre ou est percée d'entailles ; xx) Le fait d'employer les armes, projectiles, matières et méthodes de guerre de nature à causer des maux superflus ou des souffrances inutiles ou à frapper sans discrimination en violation du droit international des conflits armés, à condition que ces armes, projectiles, matières et méthodes de guerre fassent l'objet d'une interdiction générale (...) iv) Le fait de diriger intentionnellement des attaques contre des bâtiments consacrés à la religion, à l'enseignement, à l'art, à la science ou à l'action caritative, des monuments historiques, des hôpitaux et des lieux où des malades et des blessés sont rassemblés, pour autant que ces bâtiments ne soient pas des objectifs militaires ; v) Le pillage d'une ville ou d'une localité, même prise d'assaut ; (...) vi) (...) la stérilisation forcée (...)[86] ».

La CPI est compétente pour juger pénalement les auteurs de ces infractions imprescriptibles à moins que leurs auteurs présumés n'aient moins de 18 ans au moment des faits (articles 25 et 26). La CPI peut être saisie par son procureur, un Etat partie ou par le Conseil de Sécurité des Nations Unies agissant en vertu du chapitre VII de la Charte La qualité officielle des présumés coupables n'empêche pas la Cour d'exercer sa compétence. L'article 28 précise en outre qu'un chef militaire ou toute autre personne se trouvant dans sa position est en principe responsable des crimes commis par les forces se placées sous son contrôle effectif. Sur le plan pénal cette responsabilité ne sera effective que si ce chef militaire savait ou aurait dû savoir que ces forces allaient commettre de telles infraction ou alors s'il n'a pas pris des mesures en son pouvoir pour empêcher la réalisation desdites infractions. Cependant une personne accusée est exonérée de sa responsabilité pénale dans certains cas prévus par l'article 31 du Statut : Il s'agit de sa déficience mentale, de son état d'intoxication involontaire ou encore de son comportement issue de la légitime défense ou de la contrainte résultant d'une menace de mort imminente. Le fait que l'ordre de commettre ces infractions provienne d'un gouvernement ou d'un supérieur

---

[86] Statut de Rome de la Cour Pénale Internationale, 17 juillet 1998, accessible à l'adresse suivante : https://www.icrc.org/dih/INTRO/585?OpenDocument

miliaire n'a pas pour effet de faire disparaitre la responsabilité de son auteur sauf dans les cas suivants : l'ordre donné n'était pas manifestement illégal, la personne accusée ne savait pas que l'ordre était illégal et n'avait pas l'obligation d'obéir à cet ordre (article 33).

Toute personne déférée devant la CPI pour y être jugé l'est selon une procédure qui lui garanti un procès équitable (article 55). Dans la phase de l'enquête, elle ne témoignera pas contre elle-même, aucune mesure de contraire ne sera utilisée contre elle, et elle aura droit aux prestations gratuites d'un avocat pour l'assister s'il n'a pas les moyens de s'en constituer un. Lors de l'examen de ses charges par la CPI, la personne accusée a doit à ce que sa cause soit entendue publiquement, elle doit disposer du temps et des facilités nécessaire dans l'organisation de sa défense, avoir la possibilité d'interroger les témoins à charge et obtenir la comparution et l'interrogatoire des témoins à décharge dans les mêmes conditions que les témoins à charge, etc.

Lorsque la culpabilité d'un accusé est établie, la CPI peut prononcer à son encontre une peine d'emprisonnement à temps de 30 ans au maximum ou une peine d'emprisonnement à perpétuité dans le cas ou l'infraction commise est extrêmement grave. La confiscation des profits, biens et avoirs tirés directement ou indirectement de l'infraction peut être ajoutée à la peine d'emprisonnement (article 77). La personne condamnée ou le procureur peut faire appel de la décision de la condamnation devant la Chambre d'appel de la CPI. Aux termes de l'article 83, la Chambre d'appel peut modifier la décision ou condamnation ou ordonner un nouveau procès devant une Chambre de première instance différente si elle conclut que la procédure suivie était irrégulière. Dans le cadre de l'appel d'une condamnation, si la Chambre d'appel constate que la peine est disproportionnée par rapport au crime, elle peut la modifier. A son tour, l'article 84 prévoit la révision d'une décision sur la culpabilité ou la peine. La demande de révision doit être fondée sur la découverte d'un fait nouveau qui, s'il était connu aurait pu changer le verdict prononcé, et d'un élément de preuve décisif retenu lors du procès, ou la commission d'une faute lourde par les juges au cours de l'examen des charges de la personne condamnée. Au cas ou la demande de révision est fondée, la Chambre d'appel peut réunir à nouveau la Chambre de première instance qui a rendu le jugement initial, constituer une nouvelle chambre de première instance; ou rester saisie afin de déterminer si la décision doit être révisée. Dès lors qu'il est avéré enfin qu'une personne a été illégalement arrêtée ou condamnée par la CPI, celle-ci est dans l'obligation de l'indemniser (article 85).

Pour empêcher les auteurs d'atteintes significatives à l'environnement dans un contexte de conflit armé d'échapper à la justice internationale, le Statut de la CPI prévoit tout un mécanisme de coopération et d'entraide judiciaires entre la CPI et les Etats parties à son Statut. Dans ce cadre, la CPI peut adresser aux Etats des demandes de coopération auxquelles ceux-ci ont l'obligation de répondre, conformément à leurs législations internes. Ces demandes peuvent porter sur les demandes de renseignements et de documents (article 86 et suivants).

Aussi le Statut de Rome en son article premier affirme un lien de complémentarité entre la CPI et les juridictions nationales. Il y est déclaré que la CPI est complémentaire des juridictions nationales. Cependant les Etats ne devraient pas faire preuve de laxisme dans la répression des crimes de guerre. L'article 17 du Statut stipule que la CPI se saisira d'une affaire lorsqu'il apparaitra que l'Etat concerné agit afin de « *soustraire la personne incriminée à sa responsabilité pénale* » ou lorsqu'il apparait que la procédure mise en œuvre par cet Etat accuse un « *retard injustifié* ».

A raison de quelques limitations qu'elle apporte à la souveraineté étatique, la CPI est redouté par certains Etats et non les moindres. Il s'agit des Etats Unis, de la Chine, l'Inde et l'Israël. Le refus de ces Etats, surtout des Etats Unis d'adhérer au Statut de la CPI, tend à fragiliser sérieusement la crédibilité de cette institution judicaire.

Section 2 : Cadre national de répression

Les juridictions pénales internationales ad hoc et la CPI n'ont ni la prétention ni les moyens de juger tous les criminels de guerre, car cette tâche est immense. Ces juridictions se focalisent sur les grands criminels, de manière à envoyer à la communauté internationale le message selon lequel, une personne quelque soit son rang social, n'échapperait à la justice internationale. C'est aux juridictions nationales que revient en effet la lourde mission de poursuivre et de juger les criminels de guerre. Afin de permettre à leurs juridictions de remplir cette mission, les Etats doivent au préalable ratifier et mettre en œuvre les traités internationaux qui dotent ces juridictions d'une compétence universelle. Cette compétence permet de poursuivre et de juger en tout temps, toute personne (nationale ou étrangère) présumée coupable de crimes de guerre.

Nous examinerons dès lors la compétence universelle des juridictions étatiques d'une part et d'autre part nous verrons comment elle est mise en œuvre dans un pays comme la Belgique.

A)La mise en œuvre de la compétence universelle

En vertu du principe de la territorialité du droit pénal, un juge national n'est pas compétent pour juger les infractions commises par un étranger en territoire étranger. La compétence universelle des juridictions nationales constitue une exception à ce principe dans la mesure où elle accorde au juge national la compétence de connaitre des crimes internationaux (crime de guerre, crime contre l'humanité, crime de génocide et crime d'agression). Etant donné que les atteintes significatives à l'environnement en période de conflit armé sont considérées comme des crimes de guerre, le juge national est donc compétent pour juger les présumés coupables de cette infraction.

La compétence universelle est prévue en des termes identiques aux articles 49, 50, 129 et 146 de la 1ere, 2eme, 3eme, et 4eme Conventions de Genève de 12 aout 1949 et à l'article 85, paragraphe 1 de son Protocole I. l'article 49 de la 1ere Convention de Genève dispose que : « *Les Hautes Parties contractantes s'engagent à prendre toute mesure législative nécessaire pour fixer les sanctions pénales adéquates et appliquer aux personnes ayant commis, ou donné l'ordre de commettre l'une ou l'autre des infractions graves (…). Chaque Partie contractante aura l'obligation de rechercher les personnes prévenues d'avoir commis, ou d'avoir ordonné de commettre, l'une ou l'autre infraction graves, et elle devra les déférer à ses propres tribunaux, quelque soit leur nationalité. Elle pourra aussi, si elle le préfère, et selon les conditions prévues par sa propre législation les remettre pour jugement à une autre Partie contractante intéressée à la poursuite (…). En toutes circonstances, les inculpés bénéficieront de garanties de procédure et de libre défense (…)* »

Ainsi, en plus de l'obligation des Etats parties de juger les responsables de ces infractions, ils peuvent les extrader, si les circonstances s'y prêtent, vers un autre Etat disposant par exemple d'informations plus importantes sur les faits en cause.

Les infractions graves constituées d'atteintes significatives à l'environnement auxquelles fait référence l'article 49 de la première convention de Genève sont prévues à l'article 85, alinéa 3 du Protocole I. Ces infractions consistent à « (...) b) Lancer une attaque sans discrimination atteignant la population civile ou des biens de caractère civil, en sachant que cette attaque causera des pertes en vies humaines, des blessures aux personnes civiles ou des dommages aux biens de caractère civil, y sont excessifs (...) ; c) Lancer une attaque contre des ouvrages ou installations contenant des forces dangereuses, sachant que cette attaque causera des pertes en vies humaines, des blessures aux personnes civiles ou des dommages aux biens de caractère civil, qui sont excessifs (...) »

Aux termes de l'alinéa 4 de l'article 85, l'atteinte à l'environnement est constituée du « (...) d) Fait de diriger des attaques contre les monuments historiques, les œuvres d'art ou les lieux de culte clairement reconnus qui constituent le patrimoine culturel ou spirituel des peuples (...) »

1) Cas de la Belgique

La seule adhésion des Etats aux traités internationaux qui règlement les moyens et méthodes de guerre qui affectent significativement l'environnement en période de conflit armé international ne rend pas ces traités auto exécutoires sur le plan national. Ils ne déploieront leurs pleins effets qu'après leur intégration dans l'ordre interne selon les modalités prévues par chaque constitution. En général, l'adoption d'une nouvelle loi ou la modification de celle qui existe déjà sont nécessaires pour donner un sens réel à ces traités.

Pour mettre en œuvre au plan interne ses obligations internationales de réprimer les crimes de guerre constituées entre autres d'atteintes graves à l'environnement en temps de guerre au titre des conventions de Genève du 12 août 1949, le parlement fédéral de la Belgique a adopté le 16 juin 1993 une loi portant « répression des infractions graves aux conventions de Genève[87] ». Cette loi qui accorde aux tribunaux belges une compétence universelle, leur permettant de poursuivre et de juger les auteurs civils et militaires des dites infractions sans égard à leurs rang.

Aux termes de l'article 1er de ladite loi, les crimes de droit international pouvant être jugés en Belgique sont notamment constitués des actes de destruction et d'appropriation de biens, du lancement d'attaques indiscriminées qui affectent sans nécessités militaires les biens à caractère

---

[87] Publication CICR « Répression nationale des violations du droit international humanitaire (système Romano-Germanique) ». Rapport de la réunion d'experts, Genève, 23-25 septembre 1997.

civils et qui causent des pertes en vies humaines ainsi que des attaques orientées vers les monuments historiques et œuvres d'art spécialement protégés. Ces crimes sont imprescriptibles et entrainent la responsabilité de leurs auteurs soit devant la juridiction militaire, si la Belgique est en état de guerre ; soit devant les juridictions ordinaires, si la Belgique est en état de paix. Suivant la gravité des faits, leurs présumés coupables encourent la réclusion à perpétuité et la réclusion de 10 à 15 ans (article 2 de la loi de 1993). Les mêmes peines sont applicables aux complices des auteurs de ces crimes, à ceux qui ont donné l'ordre de les commettre ainsi qu'à ceux qui se sont abstenus d'agir dans les limites de leurs possibilités pour empêcher leur réalisation alors qu'ils étaient informés de la commission de ces infractions. Au regard de la loi belge, les nécessités d'ordre politique ou militaire liées notamment à des impératifs de combat ne constituent pas une cause d'exonération de responsabilité. Aussi l'obéissance aux ordres du supérieur hiérarchique et du gouvernement n'écarte pas la responsabilité de l'agent si l'ordre avait pour effet la réalisation d'un crime de guerre (article 5 de la loi).

Toutefois la compétence universelle des tribunaux nationaux peut rentrer en conflit avec la souveraineté nationale d'autres Etats. Cette confrontation est par exemple illustrée par le mandat d'arrêt international décerné par le juge d'instruction belge, Damien Vandermeersch, à l'encontre du ministre des Affaires étrangères en exercice de la RDC, M. Yerodia Abdoulaye Ndombasi. S'appuyant sur la loi de 1993, le juge belge s'était déclaré compétent pour connaitre des infractions reprochées au ministre congolais. Il s'agissait *de «crimes de droit international constituant des infractions graves portant atteinte par action ou omission, aux personnes et aux biens protégés par les conventions signées à Genève le 12 août 1949 et par les protocoles I et II additionnels à ces conventions, crimes contre l'humanité».* Le 17 octobre 2000, la RDC a saisi la CIJ d'une requête aux fins d'annulation dudit mandat. Elle fera valoir dans ce cadre que le mandat litigieux était décerné en *«violation du principe selon lequel un Etat ne peut exercer son pouvoir sur le territoire d'un autre Etat et du principe de l'égalité souveraine entre tous les Membres de l'Organisation des Nations Unies»,* proclamé par l'article 2, paragraphe 1, de la Charte des Nations Unies. De plus, la RDC soutiendra que le mandat d'arrêt contrevient à l'article 41, paragraphe 2, de la Convention de Vienne du 18 avril 1961 sur les relations diplomatiques qui accorde à ce ministre une immunité diplomatique. Dans sa décision du 14 février 2002, *« Arrêt Rerodia »,* la CIJ donnera raison à la RDC en déclarant que l'ancien ministre des affaires étrangères congolais était protégé par l'immunité due à sa fonction. Elle demandera alors à la Belgique de retirer ledit mandat[88].

Réagissant à cet arrêt de la CIJ, Amnesty International regrettera l'attitude de la CIJ dans l'effort de répression des crimes internationaux. Cette ong déclarera : « *Alors que la justice internationale venait enfin de briser un véritable tabou en entamant pour la première fois le procès d'un ex-chef d'état pour crime contre l'humanité, la plus haute juridiction internationale, la Cour internationale de justice (CIJ), a sans doute manqué un moment historique avec son arrêt dans l' « affaire Yerodia ». En déniant à la justice belge le droit de lancer un mandat d'arrêt à l'encontre de l'ex-ministre congolais Abdoulaye Yerodia, la CIJ a montré qu'elle n'était sans doute pas encore prête à se mettre au diapason de l'évolution du droit international dans la lutte contre l'impunité*[89] ».

---

[88] Affaire Yerodia, accessible à partir du site web de la documentation française à l'adresse suivante : http://www.ladocumentationfrancaise.fr/dossiers/justice-penale-internationale/critiques-jpi.shtml

[89] Déclaration d'Amnesty international Belgique Francophone sur son site web à l'adresse suivante : http://www.amnesty.be/doc/article184.html

CONCLUSION

Face aux catastrophes écologiques dues aux conflits armés (lancement au cours de la deuxième guerre mondiale des bombes atomiques sur les villes de Nagasaki et d'Hiroshima au Japon, déversement par l'armée américaine entre 1961 et 1971 d'environ 77 millions de litres de défoliants sur le Vietnam, etc.), à la forte pression de l'opinion publique internationale, relayée par les organisations internationales non gouvernementales comme le CICR et à la médiatisation des conflits, le droit international applicable en période de conflit armé a progressivement intégré la dimension environnementale dans la conduite des hostilités. De la sorte, on peut dire dorénavant que ce droit est loin d'être démuni face aux atteintes graves qui affectent l'environnement au cours d'un conflit armé. Le régime international de protection de l'environnement en temps de guerre est fait d'un ensemble de règles conventionnelles et coutumières disponibles dans divers instruments de droit international humanitaire. Ces instruments qui se sont adaptés à l'évolution des moyens et méthodes de guerre sont à même d'assurer, s'ils sont effectivement respectés, une protection efficace de l'environnement. Qu'il s'agisse des conventions internationales de protection de l'environnement à caractère général comme le Protocole additionnel I aux conventions de Genève de 1949 ou d'autres instruments spécifiques comme la convention ENMOD ou de la Convention portant protection des biens culturels en temps de conflit armés ou encore de l'article 8 du Statut de Rome instituant la CPI qui érige les atteintes graves à l'environnement en crime de guerre. Cependant le droit international doit améliorer son cadre de réglementation de façon à pouvoir intégrer les évolutions extrêmement rapides que connaissent les moyens et méthodes de guerre.

Pour qu'elles aient une effectivité, ces conventions doivent être intégrées dans la législation nationale des Etats qui en sont parties, étant donné qu'elles ne sont pas auto exécutoires. C'est en temps de paix que cette mise en œuvre nationale doit être faite. Mais on constate le plus souvent que nombreux sont les Etats qui ratifient les conventions internationales de droit humanitaire sans se soucier de leur mise en œuvre. Dans bien de cas, en Afrique par exemple, les Etats qui ont ratifié ces conventions ont d'autres priorités urgentes liées notamment au développement économique qu'à leur mise en œuvre. Ou alors ces Etats ont insuffisamment l'expertise technique et juridique nécessaires pour conduire dans les meilleures conditions le processus de mise en œuvre. Une institution comme le CICR qui est dotée depuis les années « 90 » des Services Consultatifs en droit international humanitaire, intervient par le biais de ces Services auprès de certains Etats qui en ont besoin en vue de renforcer leurs capacités en matière de mise en œuvre nationale des traités relatifs à la protection de l'environnement en temps de guerre.

Aussi, cette organisation a élaboré des Manuels d'instructions militaires à l'attention des Etats. Ces Manuels contiennent des Directives non contraignantes sur la protection de l'environnement en période de conflit armé. L'Assemblée Générale des Nations Unies a par Résolution A/RES/49/50 du 9 décembre 1994 invité les Etats à adopter ces directives. Dans ces remarques préliminaires, ces directives indiquent qu'elles sont *« (…) tirées des dispositions juridiques internationales en vigueur et reflètent les pratiques nationales. Elles ont pour but de renforcer l'intérêt des forces armées pour la protection de l'environnement et de faire en sorte que les dispositions internationales de protection de l'environnement contre les effets des opérations militaires soient strictement respectées et réellement appliquées ». Ensuite ces directives passent en revue les principes de proportionnalité, de distinction et de précaution applicables en matière de protection de l'environnement au cours d'un conflit armé. Aux termes de la partie IV desdites directives, « l'environnement naturel n'est pas un objet d'attaque légitime. La destruction de l'environnement qui n'est pas justifiée par les nécessités des opérations militaires peut faire l'objet de sanction en tant que violation du droit international (…) ».* Il y est également mentionné que toutes les mesures de précautions devraient être prises pour que la guerre soit conduite dans des conditions qui protègent l'environnement. A ce titre, certains biens à caractère civil (forets, couverture végétales, les biens indispensables à la survie des populations, etc.) doivent être épargnés. Quant à la partie V desdites directives, il y est notamment indiqué que les Etats doivent appliquer et diffuser ces présentes règles de protection de l'environnement et les faire figurer dans leurs programmes d'instruction militaire et civile. Les commandants militaires sont enfin tenus d'empêcher la violation de ces règles et de sanctionner les cas de violation.

Nonobstant ces multiples efforts d'origines conventionnelle, coutumière et privée, de nombreuses menaces et non les moindres continuent à peser sur l'environnement en temps de guerre. On peut citer à ce titre trois menaces.

La première concerne l'arme nucléaire. N'étant pas explicitement interdite par un accord international, l'usage de cette arme à en croire le Rapport scientifique de l'OMS en date de 1970 peut dangereusement perturber le cycle de vie de tous les êtres vivants sur la planète terre. Son utilisation n'est pas une simple hypothèse d'école car la doctrine sécuritaire des Etats qui en sont dotés ne l'exclue pas lorsque leur survie en dépend.

La deuxième menace vient de l'absence d'un consensus international au tour des notions d'atteintes *« graves, durables et étendues à l'environnement »*. On sait qu'en période de conflit armé les dommages causés à l'environnement doivent comporter ces caractères pour pouvoir engager la responsabilité de leurs auteurs. Etant donné que ces termes ne sont définis par aucun accord international, leur interprétation est faite par les Etats, ce qui risque d'être à la base d'une ambigüité qui ne servira pas forcement la cause de l'environnement.

La troisième menace est liée aux difficultés dressées sur le chemin de la mise en œuvre effective de la compétence universelle des Etats, sachant que celle-ci permet de poursuivre et de juger les présumés coupables de crimes de guerre, y compris les atteintes significatives à l'environnement dans le cadre d'un conflit armé international ou non international. Ainsi en faisant droit à la requête de la RDC dans l'Affaire « Yerodia » qui demandait l'annulation du mandat d'arrêt international décerné par la Belgique contre son Ministre des Affaires étrangères au motif que ce mandat est décerné en *«violation du principe selon lequel un Etat ne peut exercer son pouvoir sur le territoire d'un autre Etat et du principe de l'égalité souveraine entre tous les Membres de l'Organisation des Nations Unies»,* proclamé par l'article 2, paragraphe 1 de la Charte, on peut se demander si la CIJ en adoptant cette position ne couvre pas en raison de leurs statuts officiels, les hauts responsables d'un Etat, accusés de crimes de guerre.

Faute d'éradiquer la guerre dans les relations internationales malgré la multiplication des initiatives en matière de règlement de différends interétatiques par des voies pacifiques, la communauté internationale doit relever le défi de protection de l'environnement par le biais du droit international humanitaire.

Bibliographie (par ordre alphabétique)

Annuaire français de relations internationales

- Analyse de Jean Klein sur « Le Traité sur la réduction des armements stratégiques offensifs et les nouvelles relations entre les Etats unis et la Fédération de Russie » disponible en ligne : http://www.afri-ct.org/spip.php?article492

AGNU

- « Le Document de Montreux »: Assemblée générale, Soixante-troisième session, point 76 de l'ordre du jour État des Protocoles additionnels aux Conventions de Genève de 1949 relatifs à la protection des conflits armés A/63/467–S/2008/636.
- La question sur la légalité de l'arme nucléaire est contenue dans la Résolution 49/75 K adoptée le 15 décembre 1994.

Assemblée parlementaire du conseil de l'Europe

- Rapport de la Commission de l'environnement, de l'agriculture et des questions territoriales de l'Assemblée parlementaire du Conseil de l'Europe portant sur « Les munitions chimiques ensevelies dans la mer Baltique » disponible sur le site web de l'Assemblée : http://assembly.coe.int/Documents/WorkingDocs/Doc08/FDOC11601.pdf

- Motion de Résolution adoptée par le parlement européen, Commission des affaires étrangères, de la sécurité et de la politique de défense, Bruxelles, doc. no A4-0005/99, 14 janvier 1999.

- Le Rapport de cette Assemblée sur « les biens culturels des juifs spoliés » est disponible sur le lien suivant : http://www.ushmm.org/assets/coe/fdoc8563rev.pdf

AIDH

- Le décret ordonnant la destruction du patrimoine préislamique de l'Afghanistan est disponible à l'adresse suivante :http://www.aidh.org/Racisme/Bouddha/fen_decret.htm

Amnesty international

- « Arrêt Yerodia » : http://www.amnesty.be/doc/article184.html

CIJ (recueil)

- Activités militaires et paramilitaires au Nicaragua et contre celui-ci (Nicaragua c. États-Unis d'Amérique), fond, C.I.J. Recueil 1986, p. 14

- Personnel diplomatique et consulaire des États-Unis à Téhéran, C.I.J. Recueil 1980, p. 3.

CPJI

- Colons allemands en Pologne, 1923, C.P.J.I., série B, no 6, p. 22.

CICR

- Le texte de la convention ENMOD est disponible sur le lien http://www.icrc.org/dih.nsf/INTRO/460

- Convention de 1954 pour la protection des biens culturels en cas de conflit armé http://www.icrc.org/dih.nsf/FULL/400?OpenDocument

- « Armes nouvelles », en ligne http///www.cicr.org/fre/services_consultatifs_dih
- « Convention sur les armes chimiques », en ligne http://www.icrc.org/dih.nsf/FULL/280?OpenDocument
- « Convention sur les armes classiques et ses différents protocoles », consulter le lien suivant : http://www.cicr.org/dih.

- « (Un) droit dans la guerre ? » Marco SASSOLI et Antoine A. BOUVIER, Volume II, doc n° 35, Page 650. CICR, Biotechnologie, Armes, Humanité : Appel du CICR, le 25 septembre 2002
- « Répression nationale des violations du droit international humanitaire (système Romano-Germanique). Rapport de la réunion d'experts, Genève, 23-25 septembre 1997.

- Extrait de l'article intitulé « Réprimer les crimes internationaux : jus cogens et obligatio erga omnes » publié dans « Répression nationale des violations du droit international humanitaire », CICR, 1997.

Centre de recherche sur la mondialisation

- « La manipulation climatique et les armes de destruction massive : les armes du nouvel ordre mondial de Washington » disponible sur le site du Centre de recherches sur la mondialisation, en ligne : http://www.mondialisation.ca/index.php?context=va&aid=1344

CIA

- « Appel du CIA à la protection des archives en Irak » http://www.ica.org/fr/node/304

CDI

- Projet d'articles sur la responsabilité des Etats pour faits internationalement illicite et commentaires y relatifs, en ligne : http://untreaty.un.org/ilc/texts/instruments/francais/commentaires

Croix Rouge Vietnamienne

- « Vietnam, les enfants de la dioxine », en ligne : http://vned.free.fr/histoire.php?chap=5

Documentation française

- « Armement et désarmement nucléaires », en ligne : http://www.ladocumentationfrancaise.fr/dossiers/nucleaire/index.shtml
- « La justice pénale internationale » en ligne : http://www.ladocumentationfrancaise.fr/dossiers/justice-penale-internationale/critiques-jpi.shtml

FAO

- Archives de la FAO à l'adresse suivante : http://www.fao.org/docrep/X5643F/x5643f07.htm

GRIP (Notes d'analyses)

- « 1997-2007 : La Convention d'interdiction des armes chimiques a 10 ans »
  par Cédric Poitevin, en ligne :
  http://www.grip.org/fr/siteweb/images/NOTES_ANALYSE/2007/NA_200 7-06-11_FR_C-POITEVIN.pdf
- Extrait du Rapport GRIP 98/5 « Le programme HAARP : Science ou désastre ? » Luc Mampaey, novembre 1998, en ligne :
  http://www.grip.org

- Note d'analyse du GRIP du 15 juin 2009 sur la crée du nord « Punir ou négocier ? Les enjeux de l'escalade nucléaire de la Corée du Nord » par Luc Mampaey, en ligne :
  http://www.grip.org/fr/siteweb/dev.asp?N=simple&O=746&titre_page=N A_2009-06-15_FR_L-MAMPAEY
- La Convention sur les armes à sous-munitions est née (Cédric Poitevin), 5 juin 2008, en ligne : http://www.grip.org/bdg/pdf/g0920.pdf

Gouvernement français
- TPN en ligne :
  http://www.diplomatie.gouv.fr/fr/actions-france_830/desarmement_4852/colonne-droite_4884/textes-reference_4988/traite-sur-non-proliferation-armes-nucleaires-tnp_12984.html

Institut national de santé publique du Québec

- « Toxicologie clinique, Agents chimiques et biologiques », en ligne :
  http://www.inspq.qc.ca/ctq/bulletin/articles/Vol17No1-ToxicologieClinique.asp?E=p

International control of atomic energy

- Extrait Morton Grodzins et Eugene Rabinowitch, eds., the atomic age : scientists in National and Word Affairs (New York) : Basic Books, 1963, p 55.

OMS

- Le Rapport de l'OMS sur les armes chimiques et biologiques en ligne : whqlibdoc.who.int/others/24209_MATIERES.pdf

- La deuxième édition du Rapport de l'OMS produit en 1987 sur les « Effets de la guerre nucléaire sur la santé et les services de santé » en ligne : http://whqlibdoc.who.int/hq/1987/9242561096_(p1-p86).pdf.

Parlement français

- Rapport d'information sur les « armes classiques » n° 118 (2006-2007) de M. Jean-Pierre PLANCADE et Mme Joëlle GARRIAUD-MAYLAM, fait au nom de la commission des affaires étrangères du sénat français, mis en ligne le 13 décembre 2006 :http://www.senat.fr/rap/r06-118/r06-118.html
- Rapport d'information du sénat français 313 (98-99) de la commission des affaires étrangères consacré à la CPI disponible sur le lien suivant http://www.senat.fr/rap/r98-313/r98-313.html

RICR

- « La Convention sur les armes biologiques - Vue générale », article de Jozef Goldblat publié le 30/6/1997 dans la Revue internationale de la Croix-Rouge no 825, p.269-286.

- Le Comité international de la Croix-Rouge et les armes nucléaires : d'Hiroshima à l'aube du XXI siècle » François Bugnion dans Revue internationale de la Croix-Rouge, volume 87, sélection française 2005.

Radio France internationale
- Article sur le pillage du Musée archéologique de Bagdad, en ligne : http://www.rfi.fr/actufr/articles/040/article_21259.asp

Stéphanie Maupas

- « L'essentiel de la justice pénale internationale », Stéphanie Maupas, Gualino éditeurs, EJA-Paris62007

UNESCO

- « Les crimes contre la culture ne doivent pas rester impunis », en ligne : http://www.unesco.org/opi2/afghan-crisis

UNIDIR

- « Les armes chimiques », en ligne :
  http://www.unidir.org/pdf/articles/pdf-art2617.pdf

www.ingramcontent.com/pod-product-compliance
Lightning Source LLC
Chambersburg PA
CBHW021603210326

41599CB00010B/586